GISS

LA GESTIONE INTEGRATA

DEI SERVIZI SOCIALI

PLUS e Piani di zona

manuale operativo

GISS

La Gestione Integrata dei Servizi Sociali

MANUALE OPERATIVO

ISBN 978-1-291-56375-7

Lulu Press, Inc.
3101 Hillsborough St, Raleigh, NC 27607

Prefazione

Il progetto GiSS è nato dalla numerose osservazioni degli addetti ai Servizi Sociali di diversi Enti, che ci hanno manifestato in numerose occasioni la difficoltà di gestire i processi, sia per la varietà dei servizi possibili che per l'articolazione dei servizi sul territorio.

Giss è stato sviluppato per far fronte in modo specifico alle seguenti problematiche:

- La complessità e la varietà dei servizi sociali, erogati con il Plus, o piani di zona, richiede la raccolta di una mole di dati difficili da classificare e rendicontare.

- Il coordinamento di numerosi Enti e le difficoltà e i ritardi connessi alla trasmissione delle informazioni,spesso non consentono al Segretariato (Province, Unioni dei Comuni, etc) che ha funzioni di coordinamento e di reporting, di ottenere, dai vari enti, le informazioni necessarie per le numerose rendicontazioni previste.

- Fornire un facile supporto gestionale e le rendicontazioni necessarie per l'Istituto centrale di Statistica e la elaborazione del Bilancio Sociale.

- Assicurare Il collegamento in rete di tutti i comuni di un'area vasta e fornire un quadro immediato di tutti i servizi resi ed elaborare le statistiche necessarie per una corretta analisi dell'attività svolta, sia a livello di singolo Ente che a livello globale per l'area.

Le fasi del lavoro:

Si riassumono brevemente le fasi del processo di lavoro. Ogni fase è guidata dal sistema. Le registazioni sono quelle comunemente richieste a tutti gli operatori, che possono evitare l'uso della modulistica in uso e provvedere al .semplice inserimento dei dati per ottenere una risposta immediata sullo stato di ogni pratica, seguire la storia degli interventi nel tempo, e stampare le numerose statistiche richieste per una accurata rendicontazione delle attività, sia a livello di singolo Ente, sia del territorio.

1)La fase di accoglienza

L'operatore, nella fase di accoglienza, riceve la segnalazione o la domanda di un utente e controlla il database per verificare l'esistenza di altri interventi sullo stesso soggetto.

Se l'utente è già registrato sul database, verifica i dati esistenti,ed eventualmente apporta le modifiche sopravvenute.

Se l'Utente non è stato registrato nel database, raccoglie i dati anagrafici, la situazione lavorativa e reddituale e la composizione del nucleo familiare.

2)La registrazione della richiesta

L'operatore inserisce la richiesta dell'utente, appone le sue considerazioni sulla richiesta e identifica la tipologia di servizio erogabile, in relazione all'area di intervento e al settore. Il sistema elenca i servizi disponibili e, per ogni servizio, gli interventi possibili. A completamento della scheda Il sistema emette un numero di protocollo utente.

Il numero di protocollo non viene assegnato al momento della registrazione dell'utente, poiché numerosi utenti già registrati nel sistema, richiedono successivamente nuovi interventi. Il numero di protocollo è dunque legato ad ogni nuova richiesta.

Il numero di protocollo viene registrato nel registro protocollo. Ricercando il numero di protocollo verrà ottenuta la scheda utente La scheda viene aggiornata automaticamente durante il processo e fornisce una situazione dello stato della pratica in qualunque momento.

3)Proposta di determinazione

La proposta di determinazione riepiloga i servizi richiesti e quelli che si prevede di erogare. L'operatore responsabile decide l'approvazione o il rifiuto dell'assistenza e appone le sue valutazioni. Se l'intervento viene approvato, si accede alla pagina di determinazione d'impegno.

4)Determinazione d'impegno

Entrando nella pagina di determinazione d'impegno, appaiono tutti gli utenti per i quali è stata approvato l'intervento. Se è già stata approvata la determinazione d'impegno, questa sarà indicata con il numero e la data di emissione. La determinazione d'impegno formalizza gli estremi dell'atto di liquidazione, il tipo di assistenza erogata, l'importo monetario, la compartecipazione obbligatoria e la durata dell'erogazione del servizio.

5)Liquidazioni

L'operatore amministrativo inserisce i dati relativi alle liquidazioni. Il file mantiene una corretta analisi dei pagamenti effettuati su ogni singolo utente.

6) Compartecipazione utente

Il file registra i pagamenti fatti dal singolo utente soggetto a compartecipazione e il calcolo di quanto pagato e quanto ancora dovuto.

La compartecipazione viene calcolata automaticamante sulla base della retribuzione dell'utente, in relazione ai parametri prefissati in una apposita tabella. E' anche prevista la compartecipazione obbligatoria, derivante dalla partecipazione al costo di un servizio.

7) Le stampe

Ogni fase del lavoro è supportata da numerose stampe che consentono di ottenere i riepiloghi e le schede su ogni parte del processo.

7)Report Statistici

I report statistici riepilogano gli interventi sostenuti per Area, Settore, Servizio e Intervento, consentendo una ampia analisi dell'attività svolta sia da ogni singolo ente che da tutti gli enti del territorio. I report forniscono tutti i dati necessari per l'elaborazione del Bilancio Sociale e, automaticamente i Report richiesti dall'ISTAT.

LE CARATTERISTICHE DI GISS

GISS è un sistema integrato pèr la gestione dei servizi sociali che consente di gestire le tematiche relative all'accesso ai servizi, all' erogazione e consuntivazione degli stessi. Può gestire tutti gli enti di un territorio e costituisce la base per un reale osservatorio della domanda e dei servizi resi.

Il software gestisce i servizi dell'Area Socio assistenziale,, i servizi dell'area Socio sanitaria, e i progetti /servizi multiutenza dei Comuni e degli Enti collegati.

Il sistema è a misura di utente. Tutti i file più importanti sono modificabili a cura dell'utente e consentono un continuo aggiornamento del sistema in funzione delle modifiche legislative o delle esigenze interne.

La Tecnologia

GISS è un sistema web -based, sviluppato con tecnologia Java, progettato con la nostra piattaforma Ismart, che viene fornito in modalità ASP (cloud), di facile uso per gli addetti. Ogni pagina del sistema guida l'utente nel processo ed è supportata da una pagina dl help on line.

Il processo

I processi gestiti dal sistema sono tutti quelli relativi alle attività di assistenza, senza eccezioni, e comprendono tutte le tipologia di assistenza economica, professionale, domiciliare e indiretta. In tutte le fasi del processo sia socio assistenziale che sanitario, dal momento della acquisizione della domanda fino alla valutazione

Le funzionalità

Gestione degli Enti che provvedono alla erogazione dei servizi (Comuni, Unioni dei Comuni, Province, SSN)

Gestione degli operatori (assistenti sociali, infermieri,etc)

Gestione degli assistiti e delle informazioni relative.

Segnalazioni e domande di assistenza.

Gestione del ciclo di vita delle richieste di assistenza (segnalazione di terzi,domande dell'assistito o dei familiari, segnalazione da assistenti sociali etc.).

Definizione dei dati anagrafici, di residenza, e della situazione economica e sociale dell'utente , nucleo familiare, e dell'iter della richiesta. La scheda utente riporta automaticamente anche tutti gli interventi erogati, le decisioni prese, la determina d'impegno, la compartecipazione utente, le liquidazioni effettuate.

Identificazione della tipologia di assistenza da erogare ed eventuale predisposizione del piano di assistenza . L'operatore può definire la gestione del piano di assistenza, dalla approvazione (proposta di determinazione) alla determinazione di impegno del servizio da erogare.

Possibilità di valutazione del servizio durante la sua erogazione.

Valutazione dell'assistenza da parte dell'operatore

Gestione della presa in carico degli interventi di assistenza domiciliare e rendicontazione delle ore di prestazioni erogate.

Gestione degli aspetti economici sia a livello di contributi economici,che a livello di servizi resi o di assistenza domiciliare, sia diretta che indiretta.

Le schede utenti e le schede progetto sono automaticamente aggiornate dal sistema e registrano la storia degli interventi in tutte le loro fasi.

Le Statistiche

Le statistiche seguono ogni parte del processo e consentono una immediata rendicontazione analitica per ogni singolo Ente e per l'intero territorio, consentendo anche una analisi comparativa dei servizi resi, per area e settore d'intervento, da ciascun ente.

Security manager

Il sistema di sicurezza regola tutti gli accessi al sistema e consente una assoluta sicurezza dei dati di ogni ente.

Permette la configurazione dei profili di autorizzazione per funzioni o responsabilità degli utenti, che avranno accesso differenziato in relazione al loro ruolo aziendale.

AREE, SETTORI,SERVIZI E INTERVENTI

Poiché ad ogni area sono legati diversi settori di intervento e poiché ad ogni settore sono legati specifici servizi e ad ogni servizio corrispondono specifici interventi, una delle esigenze più comunemente osservate nella gestione è la difficoltà di collegare aree, settori, servizi e interventi, per consentire all'operatore una immediata visione dei servizi e degli interventi disponibili in relazione al caso.GISS risolve il problema.

Il dabase collega le aree di assistenza, i settori, i servizi e gli interventi. Il collegamento è effettuato con un semplice click e consente all'utente, in relazione alle modifiche legislative o alle esigenze dell'ente, di modificare i servizi e gli interventi già inseriti nel database. Quando l'operatore seleziona l'area di intervento e il settore, gli appaiono automaticamente tutti i servizi attivati e, per ogni servizio, l'elenco degli interventi, evitando eventuali errori.

Allo scopo di sintetizzare le problematiche relative agli interventi, si presenta l'elenco delle Aree, dei Settori, dei Servizi e degli Interventi per ciascuna area di assistenza e per ciascun settore così come identificati nella modulistica Istat.

E' possibile che un Ente abbia previsto l'erogazione di interventi aggiuntivi. In questo caso sarà semplicemente necessario aggiungere l'intervento all'elenco di servizi esistenti.

Le aree di intervento

La banca dati del database, già disponibile, comprende le Aree di assistenza, i Settori legati a ciascuna Area, e, per ogni Settore i Servizi e gli Interventi relativi.

Le aree previste sono le seguenti:

1.Area Socio-Assistenziale
2.Area Socio-Sanitaria
3 Altre Aree dell'Uff. Servizi Sociali

Oltre all'area che comprende i servizi Socio Assistenziali e all'area dei servizi Socio Sanitari, una terza Area di intervento comprende "Altre Aree dei servizi sociali". Quest'ultima include i servizi erogati su progetti non riferibili a singoli utenti, quali la multiutenza e le altre attività svolte dai comuni.)

Elenco dei settori

Ogni Area comprende dei Settori di intervento che possono differenziarsi per ogni Area. L'elenco dei settori è il seguente:

1) FAMIGLIA

2) MINORI

3) GIOVANI

4) ANZIANI

5) DISABILI

6) DIPENDENZE

7)SALUTE MENTALE

8)EMIGRATI E NOMADI

9)POVERTA' E DISAGIO ADULTI

10)MULTIUTENZA

11) ALTRI SERVIZI SSA COMUNALI

Elenco dei servizi per settore

Per ogni settore di intervento sono disponibili un elenco di servizi, ognuno dei quali articolato in diversi interventi. Per ogni servizio è naturalmente possibile inserire eventuali altri interventi specifici, non previsti nell'elenco.

Settore 1) :Famiglia:

A- ATTIVITA' DI SERVIZIO SOCIALE PROFESSIONALE

1-SERVIZIO SOCIALE PROFESSIONALE (COMPRESA TUTELA LEGALE MINORI)

2-INTERMEDIAZIONE ABITATIVA E/O ASSEGNAZIONE ALLOGGI

3-SERVIZIO PER L'AFFIDO MINORI

4-SERVIZIO PER L'ADOZIONE MINORI

5-SERVIZIO DI MEDIAZIONE FAMILIARE

6-ATTIVITA' DI SOSTEGNO ALLA GENITORIALITA'

99-ALTRO (SPECIFICARE)

B-INTEGRAZIONE SOCIALE

1-INTERVENTI PER L'INTEGRAZIONE SOCIALE DEI SOGGETTI DEBOLI O A RISCHIO

2-ATTIVITA' RICREATIVE, SOCIALI, CULTURALI

99-ALTRO (SPECIFICARE)

C-INTERVENTI E SERVIZI EDUCATIVO-ASSISTENZIALI E PER L'INSERIMENTO LAVORATIVO DEI MINORI

1-SOSTEGNO SOCIO-EDUCATIVO SCOLASTICO

2-SOSTEGNO SOCIO-EDUCATIVO TERRITORIALE

3-SOSTEGNO ALL'INSERIMENTO LAVORATIVO

99-ALTRO (SPECIFICARE)

D-ASSISTENZA DOMICILIARE

1-ASSISTENZA DOMICILARE SOCIO-ASSISTENZIALE

5-VOUCHER, ASSEGNO DI CURA, BUONO SOCIO-SANITARIO

6-DISTRIBUZIONE PASTI E/O LAVANDERIA A DOMICILIO

99-ALTRO (SPECIFICARE)

F-CONTRIBUTI ECONOMICI

CONTRIBUTI PER ATTIVAZIONE DI SERVIZI

5-CONTRIBUTI ECONOMICI PER CURE O PRESTAZIONI SANITARIE

16-CONTRIBUTI ECONOMICI PER AFFIDO FAMILIARE DI MINORI

17-CONTRIBUTI GENERICI AD ENTI E ASSOCIAZIONI SOCIALI

CONTRIBUTI, SUSSIDI, INTEGRAZIONI E PAGAMENTO DI RETTE PER STRUTTURE:

6-CONTRIBUTI E INTEGRAZIONI A RETTE PER ASILI NIDO

8-CONTRIBUTI E INTEGRAZIONI A RETTE PER SERVIZI INTEGRATIVI O INNOVATIVI PER LA PRIMA INFANZIA

9-CONTRIBUTI E INTEGRAZIONI A RETTE PER STRUTTURE RESIDENZIALI

INTEGRAZIONI AL REDDITO

10-CONTRIBUTI ECONOMICI PER I SERVIZI SCOLASTICI

12-CONTRIBUTI ECONOMICI EROGATI A TITOLO DI PRESTITO (PRESTITI D'ONORE)

13-CONTRIBUTI ECONOMICI PER ALLOGGIO

14-CONTRIBUTI ECONOMICI PER L'INSERIMENTO LAVORATIVO

15-CONTRIBUTI ECONOMICI A INTEGRAZIONE DEL REDDITO FAMILIARE(INCLUSI I CONTRIBUTI PER MADRI SOLE CON FIGLI)

99-ALTRO (SPECIFICARE)

G-CENTRI E STRUTTURE SEMI-RESIDENZIALI (A CICLO DIURNO)

STRUTTURE SEMI-RESIDENZIALI

1-ASILO NIDO

2-SERVIZI INTEGRATIVI O INNOVATIVI PER LA PRIMA INFANZIA

3-CENTRI DIURNI

4-CENTRI DIURNI ESTIVI

CENTRI
5-LUDOTECHE / LABORATORI
6-CENTRI DI AGGREGAZIONE / SOCIALI
10-CENTRI PER LE FAMIGLIE
99-ALTRO (SPECIFICARE)
H-STRUTTURE COMUNITARIE E RESIDENZIALI
1-STRUTTURE RESIDENZIALI
2-CENTRI ESTIVI O INVERNALI (CON PERNOTTAMENTO)
99-ALTRO (SPECIFICARE)

SETTORE 2) MINORI

A-ATTIVITA' DI SERVIZIO SOCIALE PROFESSIONALE
1-SERVIZIO SOCIALE PROFESSIONALE (COMPRESA TUTELA LEGALE MINORI)
2-INTERMEDIAZIONE ABITATIVA E/O ASSEGNAZIONE ALLOGGI
3-SERVIZIO PER L'AFFIDO MINORI
4-SERVIZIO PER L'ADOZIONE MINORI
5-SERVIZIO DI MEDIAZIONE FAMILIARE
6-ATTIVITA' DI SOSTEGNO ALLA GENITORIALITA'

99-ALTRO (SPECIFICARE)

B-INTEGRAZIONE SOCIALE

1-INTERVENTI PER L'INTEGRAZIONE SOCIALE DEI SOGGETTI DEBOLI O A RISCHIO

2-ATTIVITA' RICREATIVE, SOCIALI, CULTURALI

99-ALTRO (SPECIFICARE)

C-INTERVENTI E SERVIZI EDUCATIVO-ASSISTENZIALI E PER L'INSERIMENTO LAVORATIVO DEI MINORI

1-SOSTEGNO SOCIO-EDUCATIVO SCOLASTICO

2-SOSTEGNO SOCIO-EDUCATIVO TERRITORIALE

3-SOSTEGNO ALL'INSERIMENTO LAVORATIVO

99-ALTRO (SPECIFICARE)

D-ASSISTENZA DOMICILIARE

1-ASSISTENZA DOMICILARE SOCIO-ASSISTENZIALE

5-VOUCHER, ASSEGNO DI CURA, BUONO SOCIO-SANITARIO

6-DISTRIBUZIONE PASTI E/O LAVANDERIA A DOMICILIO

99-ALTRO (SPECIFICARE)

F-CONTRIBUTI ECONOMICI

CONTRIBUTI PER ATTIVAZIONE DI SERVIZI

5-CONTRIBUTI ECONOMICI PER CURE O PRESTAZIONI SANITARIE

16-CONTRIBUTI ECONOMICI PER AFFIDO FAMILIARE DI MINORI

17-CONTRIBUTI GENERICI AD ENTI E ASSOCIAZIONI SOCIALI

CONTRIBUTI, SUSSIDI, INTEGRAZIONI E PAGAMENTO DI RETTE PER STRUTTURE:

6-CONTRIBUTI E INTEGRAZIONI A RETTE PER ASILI NIDO

8-CONTRIBUTI E INTEGRAZIONI A RETTE PER SERVIZI INTEGRATIVI O INNOVATIVI PER LA PRIMA INFANZIA

9-CONTRIBUTI E INTEGRAZIONI A RETTE PER STRUTTURE RESIDENZIALI

INTEGRAZIONI AL REDDITO

10-CONTRIBUTI ECONOMICI PER I SERVIZI SCOLASTICI

12-CONTRIBUTI ECONOMICI EROGATI A TITOLO DI PRESTITO (PRESTITI D'ONORE)

13-CONTRIBUTI ECONOMICI PER ALLOGGIO

14-CONTRIBUTI ECONOMICI PER L'INSERIMENTO LAVORATIVO

15-CONTRIBUTI ECONOMICI A INTEGRAZIONE DEL REDDITO FAMILIARE(INCLUSI I CONTRIBUTI PER MADRI SOLE CON FIGLI)

99-ALTRO (SPECIFICARE)

G-CENTRI E STRUTTURE SEMI-RESIDENZIALI (A CICLO DIURNO)

STRUTTURE SEMI-RESIDENZIALI

1-ASILO NIDO

2-SERVIZI INTEGRATIVI O INNOVATIVI PER LA PRIMA INFANZIA

3-CENTRI DIURNI

4-CENTRI DIURNI ESTIVI

CENTRI

5-LUDOTECHE / LABORATORI

6-CENTRI DI AGGREGAZIONE / SOCIALI

10-CENTRI PER LE FAMIGLIE

99-ALTRO (SPECIFICARE)

H-STRUTTURE COMUNITARIE E RESIDENZIALI

1-STRUTTURE RESIDENZIALI

2-CENTRI ESTIVI O INVERNALI (CON PERNOTTAMENTO)

99-ALTRO (SPECIFICARE)

SETTORE 3) GIOVANI

A-ATTIVITA' DI SERVIZIO SOCIALE PROFESSIONALE

1-SERVIZIO SOCIALE PROFESSIONALE

3-SERVIZIO DI ACCOGLIENZA PRESSO FAMIGLIE

B-INTEGRAZIONE SOCIALE

1-INTERVENTI PER L'INTEGRAZIONE SOCIALE DEI SOGGETTI DEBOLI O A RISCHIO

2-ATTIVITA' RICREATIVE, SOCIALI, CULTURALI

99-ALTRO (SPECIFICARE)

C-INTERVENTI E SERVIZI EDUCATIVO-ASSISTENZIALI E PER L'INSERIMENTO LAVORATIVO

1-SOSTEGNO SOCIO-EDUCATIVO SCOLASTICO

2-SOSTEGNO SOCIO-EDUCATIVO TERRITORIALE

3-SOSTEGNO ALL'INSERIMENTO LAVORATIVO

99-ALTRO (SPECIFICARE)

D-ASSISTENZA DOMICILIARE

1-ASSISTENZA DOMICILIARE SOCIO-ASSISTENZIALE

2-ASSISTENZA DOMICILIARE INTEGRATA CON SERVIZI SANITARI

3-SERVIZI DI PROSSIMITA' (BUONVICINATO)
4-TELESOCCORSO E TELEASSISTENZA
5-VOUCHER, ASSEGNO DI CURA, BUONO SOCIO-SANITARIO
6-DISTRIBUZIONE PASTI E/O LAVANDERIA A DOMICILIO
99-ALTRO (SPECIFICARE)

E-SERVIZI EI SUPPORTO
1-MENSA
2-TRASPORTO SOCIALE

F-CONTRIBUTI ECONOMICI

CONTRIBUTI ECONOMICI PER L'ATTIVAZIONE DI SERVIZI
4-CONTRIBUTI PER SERVIZI ALLA PERSONA
5-CONTRIBUTI ECONOMICI PER CURE O PRESTAZIONI SANITARIE
11-CONTRIBUTI ECONOMICI PER SERVIZIO TRASPORTO DISABILI
14-CONTRIBUTI ECONOMICI PER L'INSERIMENTO LAVORATIVO
16-CONTRIBUTI ECONOMICI PER L'ACCOGLIENZA IN FAMIGLIA DI DISABILI
17-CONTRIBUTI GENERICI AD ENTI E ASSOCIAZIONI SOCIALI

CENTRI E STRUTTURE SEMI-RESIDENZIALI (A CICLO DIURNO)
3-CENTRI DIURNI
6-CENTRI DI AGGREGAZIONE / SOCIALI
99-ALTRO (SPECIFICARE)
STRUTTURE COMUNITARIE E RESIDENZIALI
1-STRUTTURE RESIDENZIALI
2-CENTRI ESTIVI O INVERNALI
99-ALTRO (SPECIFICARE)

SETTORE 4) ANZIANI

A-ATTIVITA' DI SERVIZIO SOCIALE PROFESSIONALE
1-SERVIZIO SOCIALE PROFESSIONALE
2-INTERMEDIAZIONE ABITATIVA E/O ASSEGNAZIONE ALLOGGI
3-SERVIZIO DI ACCOGLIENZA ANZIANI PRESSO FAMIGLIE
99-ALTRO (SPECIFICARE)

B-INTEGRAZIONE SOCIALE
1-INTERVENTI PER L'INTEGRAZIONE SOCIALE DEI SOGGETTI DEBOLI O A RISCHIO

2-ATTIVITA' RICREATIVE, SOCIALI, CULTURALI (COMPRESI I SOGGIORNI CLIMATICI O TERMALI)

99-ALTRO (SPECIFICARE)

D-ASSISTENZA DOMICILIARE

1-ASSISTENZA DOMICILIARE SOCIO-ASSISTENZIALE

2-ASSISTENZA DOMICILIARE INTEGRATA CON SERVIZI SANITARI

3-SERVIZI DI PROSSIMITA' (BUONVICINATO)

4-TELESOCCORSO E TELEASSISTENZA

5-VOUCHER, ASSEGNO DI CURA, BUONO SOCIO-SANITARIO

6-DISTRIBUZIONE PASTI E/O LAVANDERIA A DOMICILIO

99-ALTRO (SPECIFICARE)

SERVIZI DI SUPPORTO

1-MENSA

2-TRASPORTO SOCIALE

F-CONTRIBUTI ECONOMICI

CONTRIBUTI PER ATTIVAZIONE DI SERVIZI

4-CONTRIBUTI PER SERVIZI ALLA PERSONA

5-CONTRIBUTI ECONOMICI PER CURE O PRESTAZIONI SANITARIE

11-CONTRIBUTI ECONOMICI PER SERVIZIO TRASPORTO ANZIANI

16-CONTRIBUTI ECONOMICI PER L'ACCOGLIENZA IN FAMIGLIA DI ANZIANI

17-CONTRIBUTI GENERICI AD ENTI E ASSOCIAZIONI SOCIALI

CONTRIBUTI, SUSSIDI E INTEGRAZIONI A RETTE PER STRUTTURE

7-CONTRIBUTI E INTEGRAZIONI A RETTE PER CENTRI DIURNI

8-CONTRIBUTI E INTEGRAZIONI A RETTE PER ALTRE PRESTAZIONI SEMI-RESIDENZIALI

9-CONTRIBUTI E INTEGRAZIONI A RETTE PER STRUTTURE RESIDENZIALI

INTEGRAZIONI AL REDDITO

1-BUONI SPESA O BUONI PASTO

12-CONTRIBUTI ECONOMICI EROGATI A TITOLO DI PRESTITO (PRESTITI D'ONORE)

13-CONTRIBUTI ECONOMICI PER ALLOGGIO

15-CONTRIBUTI ECONOMICI A INTEGRAZIONE DEL REDDITO FAMILIARE

99-ALTRO (SPECIFICARE)

CENTRI E STRUTTURE SEMI-RESIDENZIALI (A CICLO DIURNO)
3-CENTRI DIURNI
6-CENTRI DI AGGREGAZIONE / SOCIALI
99-ALTRO (SPECIFICARE)

STRUTTURE COMUNITARIE E RESIDENZIALI
1-STRUTTURE RESIDENZIALI
2-CENTRI ESTIVI O INVERNALI
99-ALTRO (SPECIFICARE)

SETTORE 5) DISABILI

A-ATTIVITA' DI SERVIZIO SOCIALE PROFESSIONALE
1-SERVIZIO SOCIALE PROFESSIONALE
3-SERVIZIO DI ACCOGLIENZA DISABILI PRESSO FAMIGLIE
B-INTEGRAZIONE SOCIALE
1-INTERVENTI PER L'INTEGRAZIONE SOCIALE DEI SOGGETTI DEBOLI O A RISCHIO
2-ATTIVITA' RICREATIVE, SOCIALI, CULTURALI
99-ALTRO (SPECIFICARE)

C-INTERVENTI E SERVIZI EDUCATIVO-ASSISTENZIALI E PER L'INSERIMENTO LAVORATIVO DEI DISABILI

1-SOSTEGNO SOCIO-EDUCATIVO SCOLASTICO

2-SOSTEGNO SOCIO-EDUCATIVO TERRITORIALE

3-SOSTEGNO ALL'INSERIMENTO LAVORATIVO

99-ALTRO (SPECIFICARE)

D-ASSISTENZA DOMICILIARE

1-ASSISTENZA DOMICILIARE SOCIO-ASSISTENZIALE

2-ASSISTENZA DOMICILIARE INTEGRATA CON SERVIZI SANITARI

3-SERVIZI DI PROSSIMITA' (BUONVICINATO)

4-TELESOCCORSO E TELEASSISTENZA

5-VOUCHER, ASSEGNO DI CURA, BUONO SOCIO-SANITARIO

6-DISTRIBUZIONE PASTI E/O LAVANDERIA A DOMICILIO

99-ALTRO (SPECIFICARE)

E-SERVIZI EI SUPPORTO

1-MENSA

2-TRASPORTO SOCIALE

27

F-CONTRIBUTI ECONOMICI

CONTRIBUTI ECONOMICI PER L'ATTIVAZIONE DI SERVIZI

4-CONTRIBUTI PER SERVIZI ALLA PERSONA

5-CONTRIBUTI ECONOMICI PER CURE O PRESTAZIONI SANITARIE

11-CONTRIBUTI ECONOMICI PER SERVIZIO TRASPORTO DISABILI

14-CONTRIBUTI ECONOMICI PER L'INSERIMENTO LAVORATIVO

16-CONTRIBUTI ECONOMICI PER L'ACCOGLIENZA IN FAMIGLIA DI DISABILI

17-CONTRIBUTI GENERICI AD ENTI E ASSOCIAZIONI SOCIALI

CONTRIBUTI, SUSSIDI E INTEGRAZIONI A RETTE PER STRUTTURE

7-CONTRIBUTI E INTEGRAZIONI A RETTE PER CENTRI DIURNI

8-CONTRIBUTI E INTEGRAZIONI A RETTE PER ALTRE PRESTAZIONI SEMI-RESIDENZIALI

9-CONTRIBUTI E INTEGRAZIONI A RETTE PER STRUTTURE RESIDENZIALI

INTEGRAZIONI AL REDDITO

1-BUONI SPESA O BUONI PASTO

12-CONTRIBUTI ECONOMICI EROGATI A TITOLO DI PRESTITO (PRESTITI D'ONORE)

13-CONTRIBUTI ECONOMICI PER ALLOGGIO

15-CONTRIBUTI ECONOMICI A INTEGRAZIONE DEL REDDITO FAMILIARE

99-ALTRO (SPECIFICARE)

G-CENTRI E STRUTTURE SEMI-RESIDENZIALI (A CICLO DIURNO)

3-CENTRI DIURNI

4-CENTRI DIURNI ESTIVI

5-LABORATORI

99-ALTRO (SPECIFICARE)

H-STRUTTURE COMUNITARIE E RESIDENZIALI

1-STRUTTURE RESIDENZIALI

2-CENTRI ESTIVI O INVERNALI (CON PERNOTTAMENTO)

99-ALTRO (SPECIFICARE)

SETTORE 6) DIPENDENZE

A-ATTIVITA' DI SERVIZIO SOCIALE PROFESSIONALE

1-SERVIZIO SOCIALE PROFESSIONALE

B-INTEGRAZIONE SOCIALE

1-INTERVENTI PER L'INTEGRAZIONE SOCIALE DEI SOGGETTI DEBOLI O A RISCHIO

2-ATTIVITA' RICREATIVE, SOCIALI, CULTURALI

99-ALTRO (SPECIFICARE)

C-INTERVENTI E SERVIZI EDUCATIVO-ASSISTENZIALI E PER L'INSERIMENTO LAVORATIVO

2-SOSTEGNO SOCIO-EDUCATIVO TERRITORIALE

3-SOSTEGNO ALL'INSERIMENTO LAVORATIVO

99-ALTRO (SPECIFICARE)

D-ASSISTENZA DOMICILIARE

1-ASSISTENZA DOMICILARE SOCIO-ASSISTENZIALE

3-SERVIZI DI PROSSIMITA' (BUONVICINATO)

4-TELESOCCORSO E TELEASSISTENZA

5-VOUCHER, ASSEGNO DI CURA, BUONO SOCIO-SANITARIO

6-DISTRIBUZIONE PASTI E/O LAVANDERIA A DOMICILIO

99-ALTRO (SPECIFICARE)

I-PRONTO INTERVENTO SOCIALE (UNITA' DI STRADA, ECC.)

1-PRONTO INTERVENTO SOCIALE (UNITA' DI STRADA, ECC.)

F-CONTRIBUTI ECONOMICI

CONTRIBUTI PER ATTIVAZIONE DI SERVIZI

4-CONTRIBUTI PER SERVIZI ALLA PERSONA

5-CONTRIBUTI ECONOMICI PER CURE O PRESTAZIONI SANITARIE

14-CONTRIBUTI ECONOMICI PER L'INSERIMENTO LAVORATIVO

17-CONTRIBUTI GENERICI AD ENTI E ASSOCIAZIONI SOCIALI

CONTRIBUTI, SUSSIDI E INTEGRAZIONI A RETTE PER STRUTTURE

7-CONTRIBUTI E INTEGRAZIONI A RETTE PER CENTRI DIURNI

8-CONTRIBUTI E INTEGRAZIONI A RETTE PER ALTRE PRESTAZIONI SEMI-RESIDENZIALI

9-CONTRIBUTI E INTEGRAZIONI A RETTE PER STRUTTURE RESIDENZIALI

INTEGRAZIONI AL REDDITO

1-BUONI SPESA O BUONI PASTO

12-CONTRIBUTI ECONOMICI EROGATI A TITOLO DI PRESTITO (PRESTITI D'ONORE)

13-CONTRIBUTI ECONOMICI PER ALLOGGIO

15-CONTRIBUTI ECONOMICI A INTEGRAZIONE DEL REDDITO FAMILIARE

99-ALTRO (SPECIFICARE)

G-CENTRI E STRUTTURE SEMI-RESIDENZIALI (A CICLO DIURNO)
3-CENTRI DIURNI
99-ALTRO (SPECIFICARE)

H-STRUTTURE COMUNITARIE E RESIDENZIALI
1-STRUTTURE RESIDENZIALI
99-ALTRO (SPECIFICARE)

SETTORE 7) SALUTE MENTALE

A-ATTIVITA' DI SERVIZIO SOCIALE PROFESSIONALE
1-SERVIZIO SOCIALE PROFESSIONALE
3-SERVIZIO DI ACCOGLIENZA DISABILI PRESSO FAMIGLIE

B-INTEGRAZIONE SOCIALE
1-INTERVENTI PER L'INTEGRAZIONE SOCIALE DEI SOGGETTI DEBOLI O A RISCHIO
2-ATTIVITA' RICREATIVE, SOCIALI, CULTURALI
99-ALTRO (SPECIFICARE)

C-INTERVENTI E SERVIZI EDUCATIVO-ASSISTENZIALI E PER L'INSERIMENTO LAVORATIVO DEI DISABILI

1-SOSTEGNO SOCIO-EDUCATIVO SCOLASTICO

2-SOSTEGNO SOCIO-EDUCATIVO TERRITORIALE

3-SOSTEGNO ALL'INSERIMENTO LAVORATIVO

99-ALTRO (SPECIFICARE)

D-ASSISTENZA DOMICILIARE

1-ASSISTENZA DOMICILIARE SOCIO-ASSISTENZIALE

2-ASSISTENZA DOMICILIARE INTEGRATA CON SERVIZI SANITARI

3-SERVIZI DI PROSSIMITA' (BUONVICINATO)

4-TELESOCCORSO E TELEASSISTENZA

5-VOUCHER, ASSEGNO DI CURA, BUONO SOCIO-SANITARIO

6-DISTRIBUZIONE PASTI E/O LAVANDERIA A DOMICILIO

99-ALTRO (SPECIFICARE)

E-SERVIZI EI SUPPORTO

1-MENSA

2-TRASPORTO SOCIALE

F-CONTRIBUTI ECONOMICI

CONTRIBUTI ECONOMICI PER L'ATTIVAZIONE DI SERVIZI

4-CONTRIBUTI PER SERVIZI ALLA PERSONA

5-CONTRIBUTI ECONOMICI PER CURE O PRESTAZIONI SANITARIE

11-CONTRIBUTI ECONOMICI PER SERVIZIO TRASPORTO DISABILI

14-CONTRIBUTI ECONOMICI PER L'INSERIMENTO LAVORATIVO

16-CONTRIBUTI ECONOMICI PER L'ACCOGLIENZA IN FAMIGLIA DI DISABILI

17-CONTRIBUTI GENERICI AD ENTI E ASSOCIAZIONI SOCIALI

CONTRIBUTI, SUSSIDI E INTEGRAZIONI A RETTE PER STRUTTURE

7-CONTRIBUTI E INTEGRAZIONI A RETTE PER CENTRI DIURNI

8-CONTRIBUTI E INTEGRAZIONI A RETTE PER ALTRE PRESTAZIONI SEMI-RESIDENZIALI

9-CONTRIBUTI E INTEGRAZIONI A RETTE PER STRUTTURE RESIDENZIALI

INTEGRAZIONI AL REDDITO

1-BUONI SPESA O BUONI PASTO

12-CONTRIBUTI ECONOMICI EROGATI A TITOLO DI PRESTITO (PRESTITI D'ONORE)

13-CONTRIBUTI ECONOMICI PER ALLOGGIO

15-CONTRIBUTI ECONOMICI A INTEGRAZIONE DEL REDDITO FAMILIARE

99-ALTRO (SPECIFICARE)

G-CENTRI E STRUTTURE SEMI-RESIDENZIALI (A CICLO DIURNO)

3-CENTRI DIURNI

4-CENTRI DIURNI ESTIVI

5-LABORATORI

99-ALTRO (SPECIFICARE)

H-STRUTTURE COMUNITARIE E RESIDENZIALI

1-STRUTTURE RESIDENZIALI

2-CENTRI ESTIVI O INVERNALI (CON PERNOTTAMENTO)

99-ALTRO (SPECIFICARE)

SETTORE 8) IMMIGRATI E NOMADI

A-ATTIVITA' DI SERVIZIO SOCIALE PROFESSIONALE

1-SERVIZIO SOCIALE PROFESSIONALE

2-INTERMEDIAZIONE ABITATIVA E/O ASSEGNAZIONE ALLOGGI

99-ALTRO (SPECIFICARE)

B-INTEGRAZIONE SOCIALE

1-INTERVENTI PER L'INTEGRAZIONE SOCIALE DEI SOGGETTI DEBOLI O A RISCHIO

2-ATTIVITA' RICREATIVE, SOCIALI, CULTURALI

3-SERVIZI DI MEDIAZIONE CULTURALE

99-ALTRO (SPECIFICARE)

C-INTERVENTI E SERVIZI EDUCATIVO-ASSISTENZIALI E PER L'INSERIMENTO LAVORATIVO

3-INTERVENTI E SERVIZI EDUCATIVO-ASSISTENZIALI E PER L'INSERIMENTO LAVORATIVO

D-ASSISTENZA DOMICILIARE

1-ASSISTENZA DOMICILARE SOCIO-ASSISTENZIALE

5-VOUCHER, ASSEGNO DI CURA, BUONO SOCIO-SANITARIO

6-DISTRIBUZIONE PASTI E/O LAVANDERIA A DOMICILIO

99-ALTRO (SPECIFICARE)

I-PRONTO INTERVENTO SOCIALE (UNITA' DI STRADA, ECC.)

1-PRONTO INTERVENTO SOCIALE (UNITA' DI STRADA, ECC.)

F-CONTRIBUTI ECONOMICI

CONTRIBUTI PER ATTIVAZIONE DI SERVIZI

5-CONTRIBUTI ECONOMICI PER CURE O PRESTAZIONI SANITARIE

17-CONTRIBUTI GENERICI AD ENTI E ASSOCIAZIONI SOCIALI

CONTRIBUTI, SUSSIDI E INTEGRAZIONI A RETTE PER STRUTTURE

8-CONTRIBUTI E INTEGRAZIONI A RETTE PER PRESTAZIONI SEMI-RESIDENZIALI

9-CONTRIBUTI E INTEGRAZIONI A RETTE PER STRUTTURE RESIDENZIALI

INTEGRAZIONI AL REDDITO

1-BUONI SPESA O BUONI PASTO

12-CONTRIBUTI ECONOMICI EROGATI A TITOLO DI PRESTITO (PRESTITI D'ONORE)

13-CONTRIBUTI ECONOMICI PER ALLOGGIO

15-CONTRIBUTI ECONOMICI A INTEGRAZIONE DEL REDDITO FAMILIARE

99-ALTRO (SPECIFICARE)

G-STRUTTURE COMUNITARIE E RESIDENZIALI

1-STRUTTURE RESIDENZIALI

3-AREA ATTREZZATA PER NOMADI

99-ALTRO (SPECIFICARE)

SETTORE 9) POVERTA' E DISAGIO ADULTI

A-ATTIVITA' DI SERVIZIO SOCIALE PROFESSIONALE

1-SERVIZIO SOCIALE PROFESSIONALE

2-INTERMEDIAZIONE ABITATIVA E/O ASSEGNAZIONE ALLOGGI

3-SERVIZIO DI ACCOGLIENZA ANZIANI PRESSO FAMIGLIE

99-ALTRO (SPECIFICARE)

B-INTEGRAZIONE SOCIALE

1-INTERVENTI PER L'INTEGRAZIONE SOCIALE DEI SOGGETTI DEBOLI O A RISCHIO

2-ATTIVITA' RICREATIVE, SOCIALI, CULTURALI (COMPRESI I SOGGIORNI CLIMATICI O TERMALI)

4-SERVIZIO DI RESIDENZA ANAGRAFICA PER PERSONE SENZA FISSA DIMORA

99-ALTRO (SPECIFICARE)

C-INTERVENTI E SERVIZI EDUCATIVO-ASSISTENZIALI E PER L'INSERIMENTO LAVORATIVO

4-INTERVENTI PER PRESONE CON DISAGIO MENTALE

6-INTERVENTI PER PERSONA SENZA FISSA DIMORA

7-INTERVENTI PER TUTTE LE ALTRE CATEGORIE DI DISAGIO ADULTI

D-ASSISTENZA DOMICILIARE

1-ASSISTENZA DOMICILIARE SOCIO-ASSISTENZIALE

2-ASSISTENZA DOMICILIARE INTEGRATA CON SERVIZI SANITARI

5-VOUCHER, ASSEGNO DI CURA, BUONO SOCIO-SANITARIO

6-DISTRIBUZIONE PASTI E/O LAVANDERIA A DOMICILIO

99-ALTRO (SPECIFICARE)

E-SERVIZI DI SUPPORTO

1-MENSA

2-TRASPORTO SOCIALE

3-DISTRIBUZIONE BENI DI PRIMA NECESSITA

4-SERVIZI PER L'IGIENE PERSONALE

I-PRONTO INTERVENTO SOCIALE (UNITA' DI STRADA, ECC.)

1-SERVIZI DI PRONTO INTERVENTO PER PERSONE SENZA FISSA DIMORA

2- SERVIZI DI PRONTO INTERVENTO PER ALTRE CATEGORIE DEL DISAGIO ADULTI

F-CONTRIBUTI ECONOMICI

CONTRIBUTI PER ATTIVAZIONE DI SERVIZI

4-CONTRIBUTI PER SERVIZI ALLA PERSONA

5-CONTRIBUTI ECONOMICI PER CURE O PRESTAZIONI SANITARIE

16-CONTRIBUTI ECONOMICI PER L'ACCOGLIENZA IN FAMIGLIA DI ADULTI

17-CONTRIBUTI GENERICI AD ENTI E ASSOCIAZIONI SOCIALI

CONTRIBUTI, SUSSIDI E INTEGRAZIONI A RETTE PER STRUTTURE

7-CONTRIBUTI E INTEGRAZIONI A RETTE PER CENTRI DIURNI

8-CONTRIBUTI E INTEGRAZIONI A RETTE PER ALTRE PRESTAZIONI SEMI-RESIDENZIALI

9-CONTRIBUTI E INTEGRAZIONI A RETTE PER STRUTTURE RESIDENZIALI

INTEGRAZIONI AL REDDITO

1-BUONI SPESA O BUONI PASTO

12-CONTRIBUTI ECONOMICI EROGATI A TITOLO DI PRESTITO (PRESTITI D'ONORE)

13-CONTRIBUTI ECONOMICI PER ALLOGGIO

15-CONTRIBUTI ECONOMICI A INTEGRAZIONE DEL REDDITO FAMILIARE

19-CONTRIBUTI ECONOMICI PER DISAGIO MENTALE

20-CONTRIBUTI ECONOMICI PER PERSONE SENZA FISSA DIMORA

21-SPESE FUNERARIE PER CITTADINI A BASSO REDDITO

99-ALTRO (SPECIFICARE)

G-CENTRI E STRUTTURE SEMI-RESIDENZIALI (A CICLO DIURNO)

1-CENTRI DIURNI PER PERSONE CON DISAGIO MENTALE

8- CENTRI DIURNI PER PERSONE SENZA FISSA DIMORA

9- CENTRI DIURNI PER LE ALTRE CATEGORIE DEL DISAGIO ADULTI

99-ALTRO (SPECIFICARE)

SETTORE 10) MULTIUTENZA

B-INTEGRAZIONE SOCIALE

5-SERVIZI DI MEDIAZIONE CULTURALE

L-SEGRETARIATO SOCIALE, INFORMAZIONE E CONSULENZA PER L'ACCESSO ALLA RETE DI SERVIZI

1-SEGRETARIATO SOCIALE/PORTA UNITARIA PER L'ACCESSO AI SERVIZI

2-CENTRI DI ASCOLTO TEMATICI

3-SPORTELLI SOCIALI TEMATICI

4-TELEFONIA SOCIALE PER ORIENTARE E INFORMARE I CITTADINI SUI SERVIZI TERRITORIALI

M-PREVENZIONE E SENSIBILIZZAZIONE

1-ATTIVITA DI INFORMAZIONE (CAMPAGNE PUBBLICITARIE)

2-UNITA DI STRADA PER LA PREVENZIONE E L'INFORMAZIONE

3-ALTRE ATTIVITA' DI PREVENZIONE

N-AZIONI DI SISTEMA E SPESE DI ORGANIZZAZIONE

1-PIANI DI ZONA

2-SISTEMA INFORMATIVO E OSSERVATORI

3-SISTEMI DI QUALITÀ

4-FORMAZIONE DEL PERSONALE

5-RICERCA

6-ALTRI INTERVENTI CHE FAVORISCONO LA PROGRAMMAZIONE E LA CRESCITA DEL SISTEMA

7-INTERVENTI PER FAVORIRE LA REALIZZAZIONE DELL'INTEGRAZIONE SOCIO-SANITARIA

8-SPESE DI ORGANIZZAZIONE (PERSONALE AMMINISTRATIVO, TECNICO E DI GESTIONE)

99 ALTRO (SPECIFICARE):

SETTORE 11) ALTRI SERVIZI SSA COMUNALI

Q) BONUS E ASSEGNI

01-Bonus per il secondo figlio

02-Assegno per nucleo familiare con almeno tre figli

03-Assegno ai grandi invalidi

04-Assegno di maternità

99-Altro Bonus o Assegno: Specificare

R) SPESA PER L'ISTRUZIONE E IL DIRITTO ALLO STUDIO

01-trasporto scolastico, salvo quello per i disabili;

02-mensa scolastica, salvo le agevolazioni per le famiglie povere;

03-buoni per libri di testo o spese per libri gratuiti;

04-borse di studio;

05-trasferimenti/contributi alle scuole di ogni ordine e grado

99-Altre spese per diritto allo studio: Specificare

S) CONTRIBUTI A ENTI/ASSOCIAZIONI

01-Contributo a enti e/o associazioni per la gestione del servizio di doposcuola;

02-Contributo a enti e/o associazioni per la gestione del servizio di pre-scuola;

03-Contributo ad associazioni impegnate in ambiti non chiaramente riconducibili alle aree di utenza considerate (ad es. patronato Acli, Croce rossa italiana, Avis, Aido, Ana, parrocchia, associazioni sportive)

04-Contributo per attività rientranti nella tipologia dei "lavori socialmente utili" (eccezione: se è una modalità

per realizzare un progetto di assistenza a un soggetto con problemi/difficoltà seguito dal settore sociale);

05-Contributo per interventi di solidarietà internazionale;

06-Contributo per l'abbattimento delle barriere architettoniche;

T) RMI

01-Reddito Minimo di Inserimento

99-Altri interventi di inserimento: Specificare

U) SPESE PER INTERVENTI VARI

01-Spesa per corso di nuoto (da indicare solo se è rivolto a bambini svantaggiati)

02-Spesa per interventi attuati in occasione di calamità naturali

03-Spesa per obiettori, se sono impegnati in attività non rientranti nell'ambito sociale (es. quelle formative culturali seguite dalla biblioteca)

99-Altre Spese: Specificare

V) ENTRATE NON PERCEPITE

01-Entrata non percepita a seguito dall'applicazione del modello ISEE per gli interventi di mensa e di
trasporti, a meno che non siano effettivamente contabilizzate in una voce di bilancio;
02-Entrata non percepita a seguito dall'applicazione del modello ISEE per esenzioni di imposte (es. tassa
sui rifiuti), a meno che non siano effettivamente contabilizzate in una voce di bilancio;
03-Interessi passivi versati per strutture in costruzione e spese per strutture presenti ma non ancora attive
99-Altre Entrate non percepite: Specificare

Z) TRAFERIMENTI
01-Trasferimento per Day Hospital
99-Altri Trasferimenti: Specificare

GISS.

La gestione integrata dei servizi sociali

UN MENU SEMPLICE E IMMEDIATO

Utente «
- Inserimento Utenti
- Progetti di Servizio
- Richiesta di servizi
- Registro Protocollo
- Proposta di determinazione
- Determine di impegno
- Liquidazioni
- Rimborso costi utente

Generale
- Enti
- Operatori
- Bilancio-Entrate e Spese
- Trasferimenti

Report statistici
- Area, servizi, settore e tipo disagio
- Servizi e Interventi richiesti
- Età utenti, servizi, risorse, costi
- Servizi erogati
- Interventi di settore per comune
- Report ISTAT
- Fonti di finanziamento
- Trasferimenti ad altri Enti

Sistema
- Account Utenti
- Ruoli di Sicurezza
- Vocabolario di sistema
- Tabella Contribuzione
- Elenco dei Servizi
- Elenco degli Interventi
- Settori per area di intervento
- Servizi e interventi per Settore

Elenco Utenti

La pagina utenti riassume i nomi degli utenti inseriti, il loro codice fiscale e la data e il luogo di nascita. Per ogni utente già inserito nel sistema vengono anche riepilogati tutti i numeri di protocollo relativi anche a richieste precedenti.

La ricerca dell'utente può essere effettuata mediante un filtro che ricerca indifferentemente per codice utente, nominativo, codice fiscale o luogo di nascita.

E' possibile ricercare il nome di un membro del nucleo familiare.In tal caso apparirà il nome dell'utente a cui appartiene il nucleo.

Se si desidera modificare / aggiornare i dati di un dipendente già inserito, selezionate con il cursore il nome del dipendente. La scheda utente verrà visualizzata potrà essere modificata se necessario.

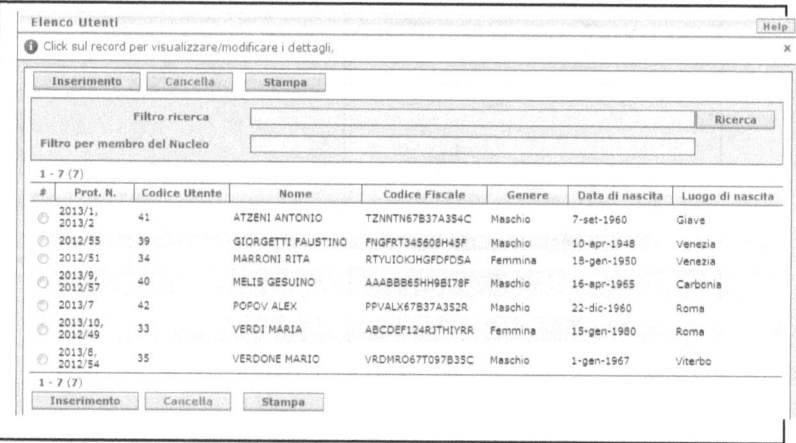

Gli utenti inseriti nel sistema sono elencati nella pagina. Selezionando il nome dell'utente, appare la scheda inserita. E' anche possibile ricercare un utente con un filtro di ricerca per nome, data di nascita, luogo di nascita.

La prima colonna indica il numero/i di protocollo assegnato. A completamento della scheda utente, nel caso di un nuovo inserimento, non troverete il numero di protocollo, che sarà registrato dopo la richiesta di servizi.da parte dell'utente.

Se l'utente è inserito ma non è registrato il numero di protocollo, significa che si è inserita la scheda utente ma non si è ancora proceduto all'inserimento della richiesta di intervento.E' infatti in questa fase che viene registrato automaticamente il numero di protocollo.

INSERIMENTO DI UN NUOVO UTENTE

Per l'inserimento di un nuovo utente, semplicemente premere dall'elenco utenti il tasto "inserimento".

La prima pagina consente di inserire i dati anagrafici, la seconda i dati relativi a residenza e domicilio, la terza i dati relativi alla situazione lavorativa e al reddito, la quarta il nucleo familiare

Salvare la pagina per accedere automaticamente alla pagina successiva. Effettuato l'inserimento, appare la pagina con l'elenco degli utenti inseriti.

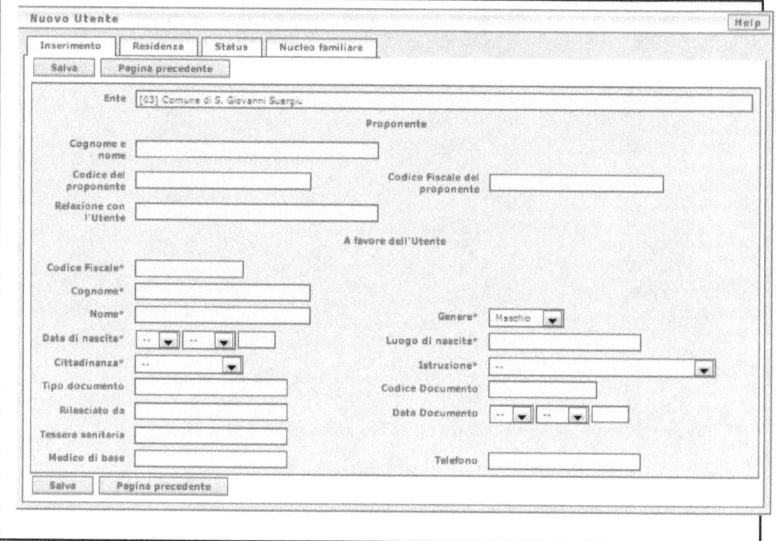

E previsto che l'utente possa essere segnalato da un terzo. In tal caso è possibile registrare i dati relativi al proponente. Se la richiesta è avanzata direttamente dall'utente, sarà sufficiente inserire il nominativo dell'operatore.

Il completamento della prima pagina, che raccoglie i dati anagrafici, registra l'utente nel sistema. Il completamento delle pagine successive si potrà effettuare anche in un secondo tempo richiamando l'utente e selezionando la funzione "modifica".

Ciò è possibile per consentire il completamento dei dati anche in fasi diverse ove l'utente non abbia la possibilità di fornire, nella prima fase di accoglimento, tutti i dati richiesti. In questo caso sarà possibile richiamare la scheda utente e procedere, selezionando il tasto "modifica", al completamento della scheda.

Se l'utente è già stato inserito nel database

Selezionando dall'elenco il nome dell'utente, appare la pagina di dettaglio dei dati inseriti. Premendo il tasto "modifica" sarà possibile procedere a modificare i dati o inserire gli eventuali dati

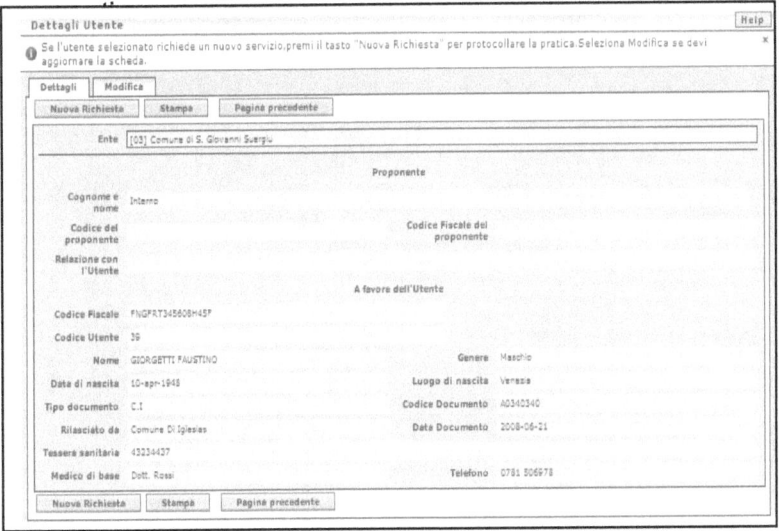

Se un utente già esistente nel database richiede un nuovo intervento, non è necessario procedere a modifiche della scheda utente. E' sufficiente selezionare dall'elenco il nome utente e premere in calce alla pagina il tasto " *Nuova richiesta* " :viene automaticamente visualizzata la pagina nella quale inserire la richiesta dell'utente. In questa fase l'"operatore potrà *procedere* alla identificazione dei servizi previsti. Selezionando l'area di assistenza, il settore e l'area di disagio.appariranno tutti i possibili servizi, e per ogni servizio, gli interventi possibili, che l'operatore potrà selezionare con il mouse. A completamento dell'inserimento dei dati *verrà assegnato automaticamente Il numero di protocollo*

MODIFICA UTENTE ESISTENTE

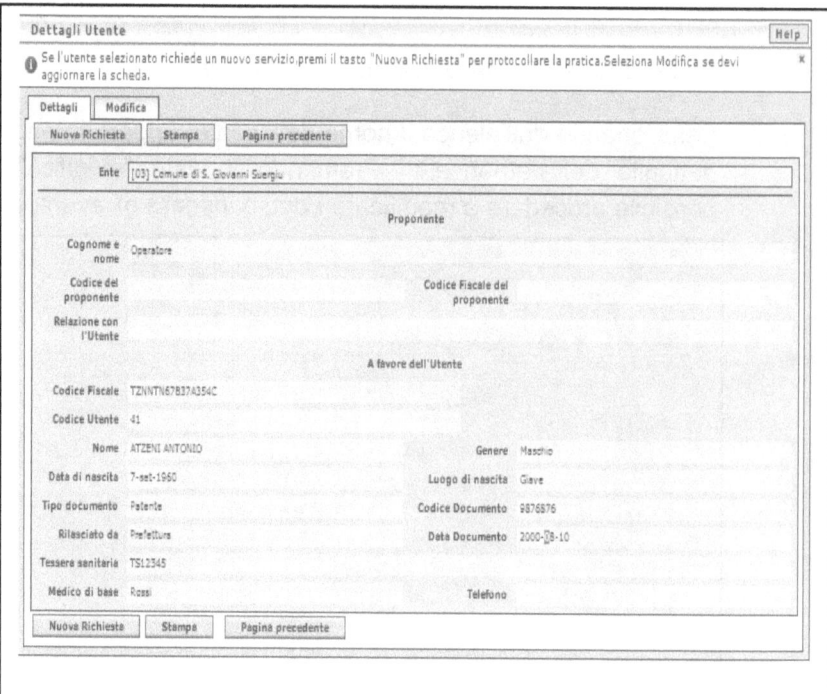

Se richiamiamo un utente già inserito e desideriamo modificare la scheda o aggiungere dei dati mancanti, selezioniamo "*modifica*"

Se l'utente richiede un servizio di assistenza, premiamo il tasto "*Nuova richiesta*". La stampa della scheda utente riporta l'elenco di tutti i servizi resi, in ogni fase del processo.

Una volta completato l'inserimento di un <u>nuovo</u> utente il nome dell'utente apparirà nella lista <u>senza</u> un numero di protocollo. Ciò significa che sull'utente non è stata ancora inserita la richiesta utente.

Ultimato l'inserimento della scheda possiamo selezionare il tasto che ci porta alla procedura di inserimentro della richiesta.

Se l'utente è già registrato, l'operatore deve selezionare il nome dell'utente e premere il tasto **"Nuova richiesta"**. Apparirà automaticamente la scheda nella quale inserire la richiesta dell'utente, l'eventuale valutazione dell'operatore e la scelta dei servizi previsti per far fronte alla stessa.

Contestualmente al salvataggio dei dati viene assegnato alla richiesta un numero di protocollo nella forma : *Anno/n°*

A questo punto nell'elenco utenti, apparità il nome dell'utente e il numero di protocollo assegnato.

RESIDENZA E DOMICILIO

Procedendo con l'inserimento dei dati, dobbiamo Inserire la residenza e/o il domicilio dell'utente.

Ove l'utente non abbia un riferimento certo o numero di telefono, è utile inserire il nominativo e il numero di telefono di un parente o vicino di casa che possa contattarlo.

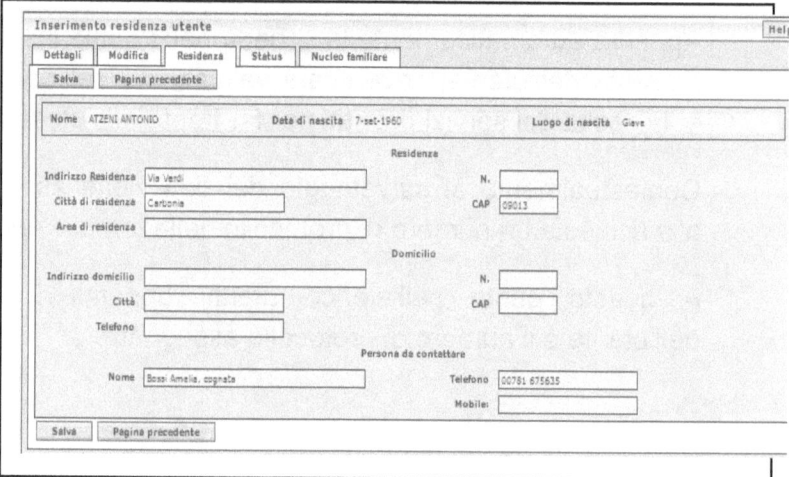

a completamento della pagina si procede con l'inserimento dell "status",ovvero della situazione economico-finanziaria.

Inserimento dello status:

La situazione socio economica

La pagina consente l'inserimento della situazione lavorativa del dipendente e della situazione reddituale.

Il "tipo di famiglia" indicherà la composizione del nucleo familiare e i casi che influiscono sul calcolo del redditeo ISEE del Nucleo.

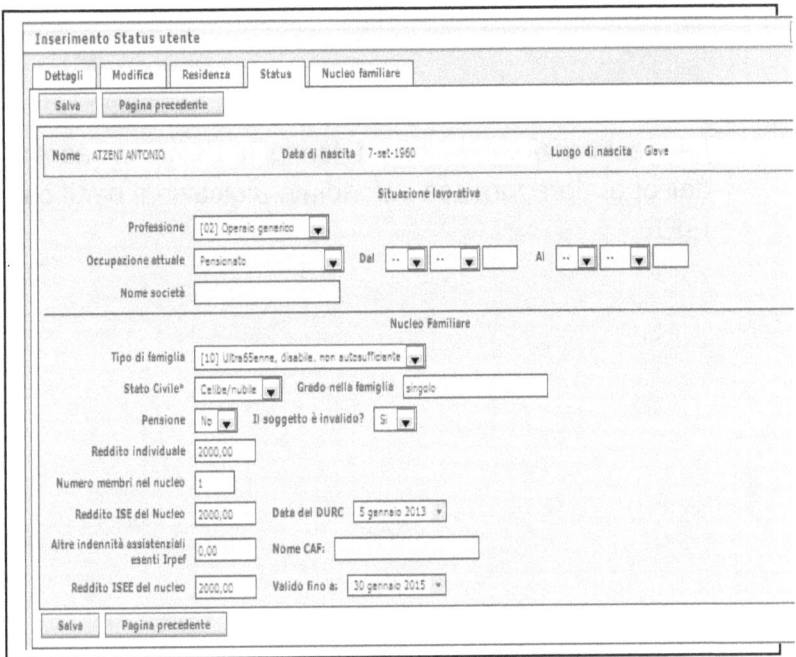

La pagina è divisa in due sezioni distinte :
1) La prima prevede l'inserimento della professione dell'utente e la eventuale situazione occupazionale.
La seconda prevede l'inserimento della tipologia di famiglia (che può avere riflessi nel calcolo dell'ISEE),il numero di membri del Nucleo Familiare, il reddito ISEE risultante dal DURC o il reddito ISEE fornito dal CAF / INPS o calcolato dall'operatore.
La pagina successiva consente di inserire il nucleo familiare.

La identificazione del tipo di famiglia

- [ ] [01] Persona sola
- [ ] [02] Mononucleare Coppia senza figli
- [ ] [03] Mononucleare Coppia con figli
- [ ] [04] Mononucleare, un solo genitore con figli
- [ ] [05] Plurinucleare, coppia senza figli
- [ ] [06] Plurinucleare, coppia con figli
- [ ] [07] Plurinucleare, 1 solo genitore con figli
- [ ] [08] Affidatario senza propri figli
- [ ] [09] Affidatario con propri figli
- [ ] [10] Ultra65enne, disabile, non autosufficiente
- [ ] [11] Genitori entrambi lavoratori, con figli

La identificazione del tipo di famiglia, da selezionare a cura dell'operatore, fornisce immediate indicazioni per il calcolo ISEE.

Inserimento del Nucleo familiare

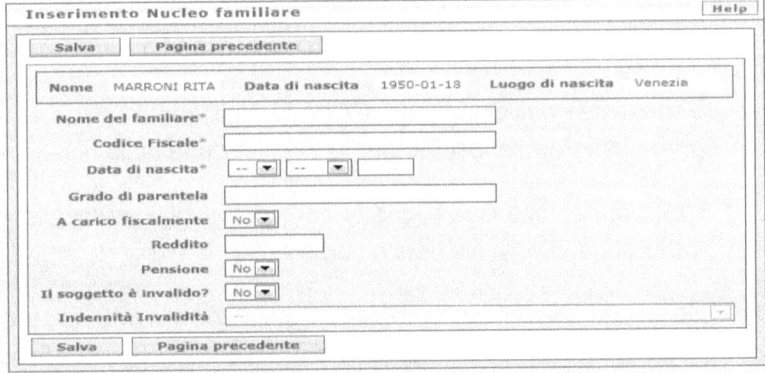

In questa pagina vengono elencati i conviventi dell'utente. In questo caso indicare il nome di ogni convivente, la data di nascita , il Codice Fiscale (xx se non disponibile),il grado di parentela, il reddito e la eventuale invalidità e titolarità di pensione.

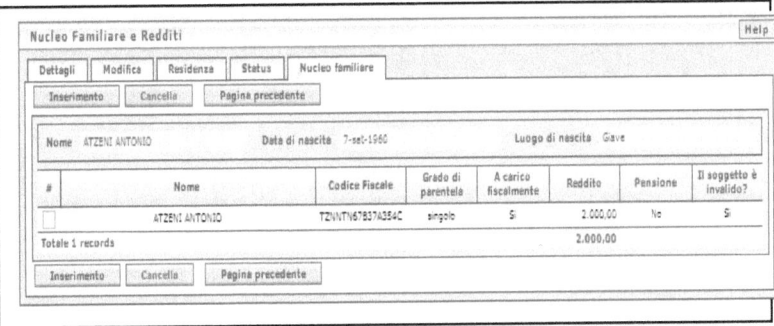

Una volta completata la scheda utente, si procede con l'inserimento dell'intervento richiesto

Inserimento dell'Intervento Richiesto

Selezionare dall'elenco utenti il nome dell'utente precedentemente inserito,per la registrazione della richiesta

L'operatore inserisce l'oggetto della richiesta e, nella colonna "note", le sue osservazioni o commenti.

Seleziona eventuali problemi abitativi rilevati e procede, selezionando l'Area, il Settore d'intervento ,il tipo di disagio. In relazione all'area e al settore selezionati, apparirà, in calce alla pagina, l'elenco dei servizi previsti, e per ogni servizio sarà possibile selezionare il tipo di intervento tra quelli elencati. E' possibile selezionare diversi interventi.

Premendo il tasto "salva" si assegna automaticamente un numero di protocollo.

La scheda Utente.

La scheda utente riassume tutti i dati inseriti e viene automaticamente aggiornata dal sistema in tutte le fasi del lavoro.

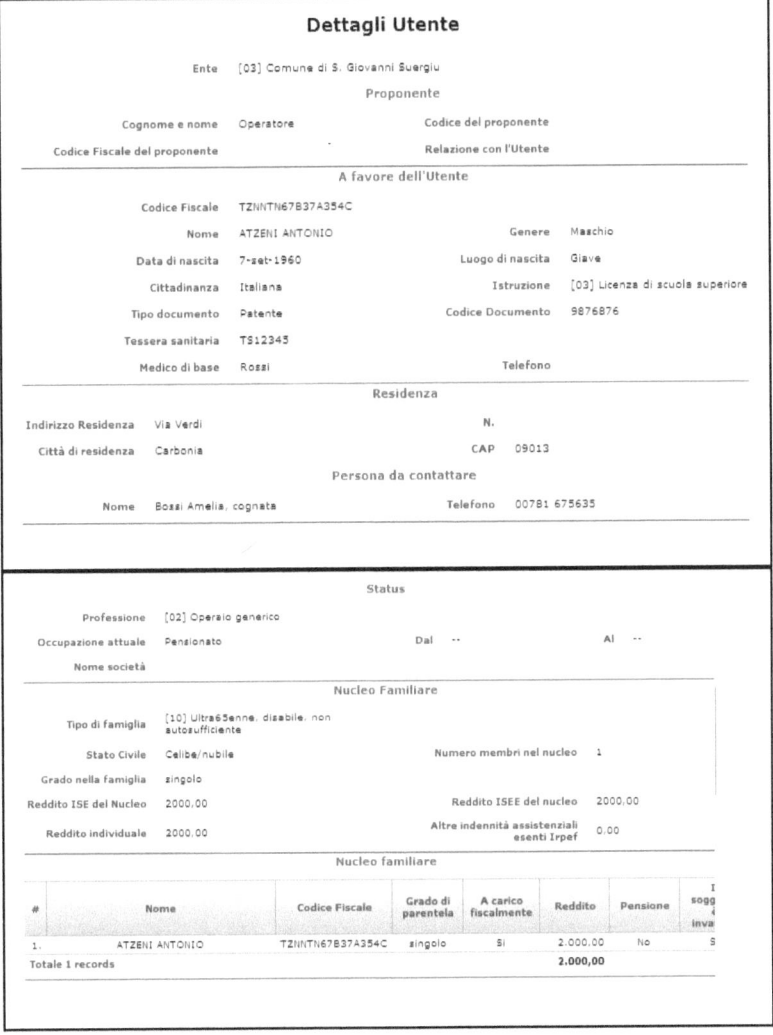

continua

Servizi richiesti

Prot. N. 1   Data Prot.   5-gen-2013

Note dell'operatore   Note dell'operatore sul caso...

#	Area di Servizio	Settore d'intervento	Tipo di disagio	Servizi richiesti
1.	[01] Area Socio Assistenziale	[05] Disabili	[04] Età avanzata	[01] - Assistenza domiciliare socio assistenziale
2.	[01] Area Socio Assistenziale	[05] Disabili	[04] Età avanzata	[02] - Trasporto Sociale

Storia delle decisioni

#	Data	Prot. N.	Servizi richiesti	Decisione	Note	Operatore	Form interv
1.	5-gen-2013	1	[01] - Assistenza domiciliare socio assistenziale	Richiesta Approvata	aaaaaaaaaaaaaaaaaaaaaaaaaaaaaaaaaaaaaaaa	Rossi Maria	[10] Coop. Social
2.	5-gen-2013	1	[01] - Assistenza domiciliare socio assistenziale	Richiesta Approvata		Rossi Maria	[10] Coop. Social
3.	8-set-2013	1	[01] - Assistenza domiciliare socio assistenziale	Richiesta Approvata	Servizio di assistenza domiciliare rivolto alla cura della persona per un minore.	Rossi Maria	[10] Coop. Social
4.	17-set-2013	1	[01] - Assistenza domiciliare socio assistenziale	Richiesta Approvata	Testo di prova. Quest'area consente all'operatore inserimenti successivi, per verificare lo stato di attuazione degli interventi. Visite ispettive e valutazione dei risultati etc.	Rossi Maria	[10] Coop. Social
5.	17-set-2013	1	[01] - Assistenza domiciliare socio assistenziale	Richiesta Approvata		Rossi Maria	[10] Coop. Social

Attivazione dei servizi

Servizi richiesti   [01] - Assistenza domiciliare socio assistenziale   Tipo documento   [01] Determinazione c impegno

Documento   ad4567890   Data Documento   5-gen-2013

Assistenza Domiciliare

Numero ore mensili   20   Numero mesi   6   Costo Orario   18.00

Totale   2.160,00   A carico utente   0.0

Dal   15-gen-2013   Al   --

Liquidazioni

#	Prot. N.	Utente/Progetto	Servizi richiesti	Documento	Importo speso	Importo approvato	Res
Anno : 2013							
1.	2013/1	[7-set-1960] ATZENI ANTONIO	[01] - Assistenza domiciliare socio assistenziale	[5-gen-2013] - ad4567890	1.044,00	2.160,00	1:1
Totale 1 records					1.044,00		

Rimborso costi utente

Totale 0 records

Servizi richiesti   [02] - Trasporto Sociale   Non ci sono record

Liquidazioni

Totale 0 records

La scheda segue tutte le fasi del processo

La richiesta di intervento

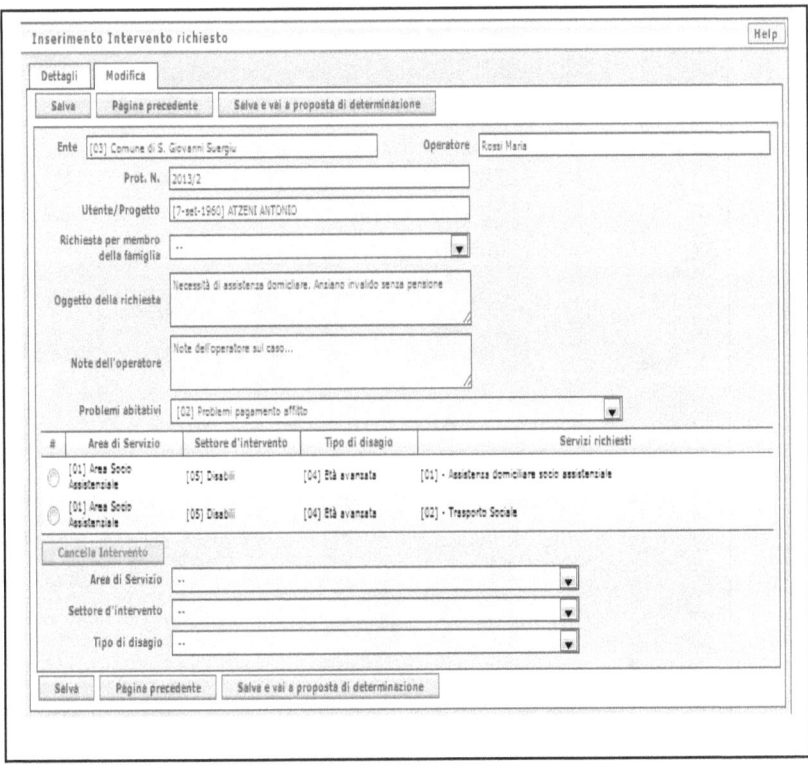

Selezionando l'Area e il Settore di assistenza, vengono elencati in calce alla pagina tutti i possibili servizi e interventi, come è possibile rilevare nella pagina successiva.

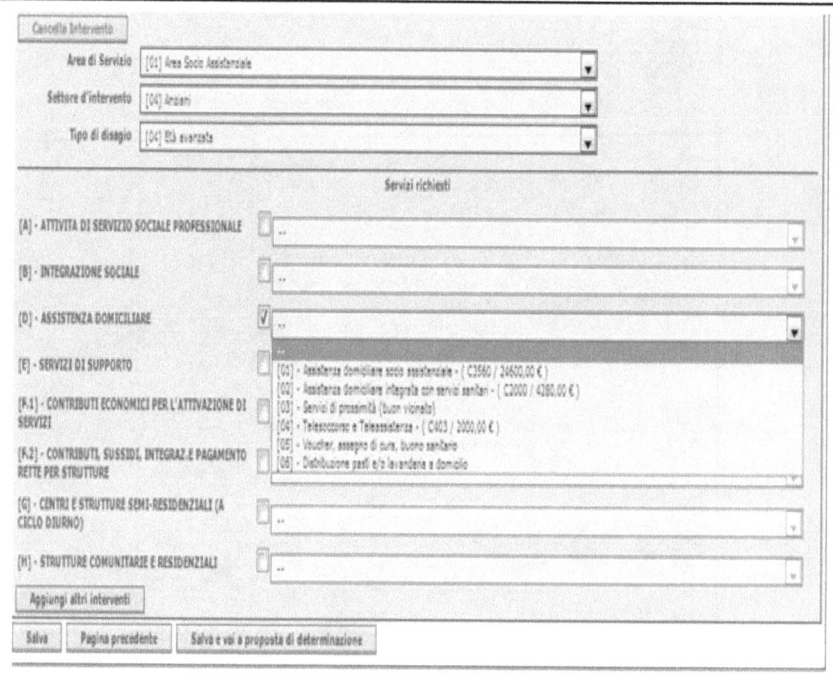

Appare automaticamente l'elenco dei servizi legato ad Area lintervento. Selezionando il servizio interessato, si apre una finestra di scelta con l'elenco degli interventi previsti dallo stesso.

E' possibile selezionare altre aree / settori e procedere all'inserimento di altri interventi, di diversa natura. premendo il tasto "aggiungi altri interventi)"

Una volta completata la pagina, premendo il tasto "save" si registra il numero di protocollo.

Ove si voglia procedere con la proposta di determinazione, un tasto consente anche ri registrare il numero di protocollo e passare automaticamente alla procedura di *"proposta di determinazione"*

PROGETTI E SERVIZI

(servizi multiutenza e SSA comuni)

Non tutti i servizi sono richiesti da un singolo utente. Ove i servizi siano qualificati come "multiutenza" o richiedano interventi comunque non ascrivibili ad un singolo richiedente, siamo di fronte ad un "progetto di servizio".

I progetti e i servizi seguono lo stesso percorso già definito per gli utenti. Una volta che è stata descritta la scheda del "progetto / servizio", nella procedura di "richiesta servizi" si identifica l'intervento previsto e viene assegnato al progetto un numero di protocollo. I progetto passa alla proposta di determinazione, con i commenti dell'operatore e alla successiva approvazione della determina.

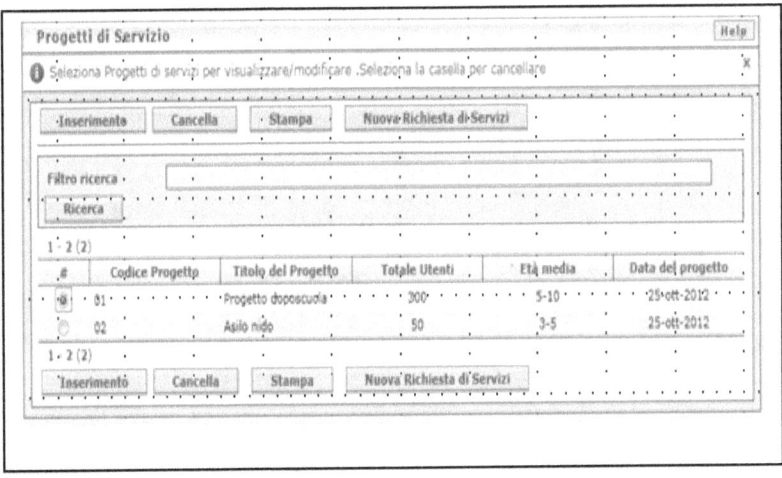

Anche i progetti di servizio avranno un numero di protocollo. L'utente, in questo caso, è l'Ente. IL progetto può essere ricercato con un filtro.

I progetti

. I progetti e i servizi sono i progetti di spesa sociale non rivolti al singolo utente. Una volta inserito il progetto, questo verrà visualizzato nell'elenco progetti, dove potrà essere selezionato e , premendo il tasto *"Inserimento o"* si potranno inserire il titolo del progetto, una breve descrizione delle finalità, e i dati relativi.

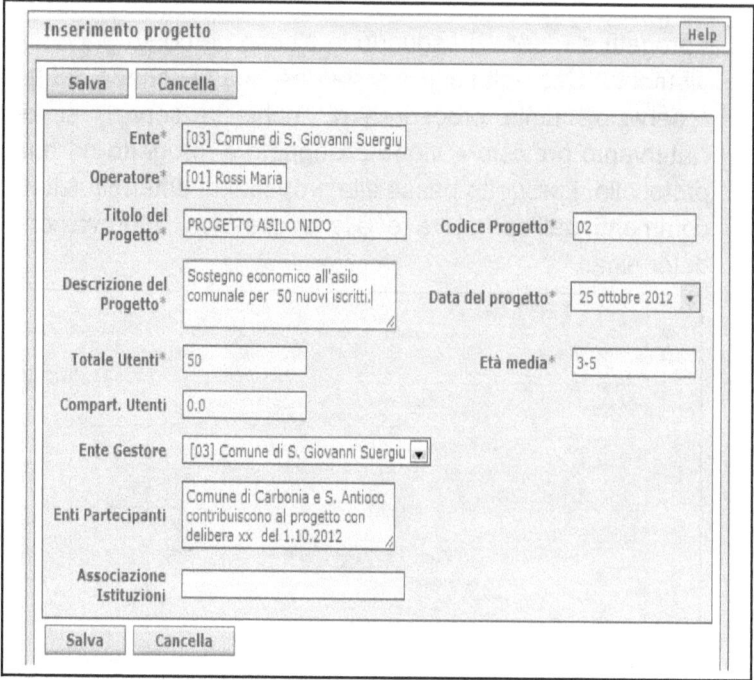

Allo scopo di facilitare il lavoro di inserimento per l'operatore, si segue la stessa procedura prevista per l'inserimento di un utente.

Una volta inserito il progetto, si passa alla richiesta d'intervento, dove viene evidenziato il titolo del progetto e la sua descrizione. L'operatore potrà aggiungere una nota sul progetto e le sue motivazioni e selezionare, in relazione all'area e al settore selezionato, la tipologia di intervento.

La richiesta di Intervento

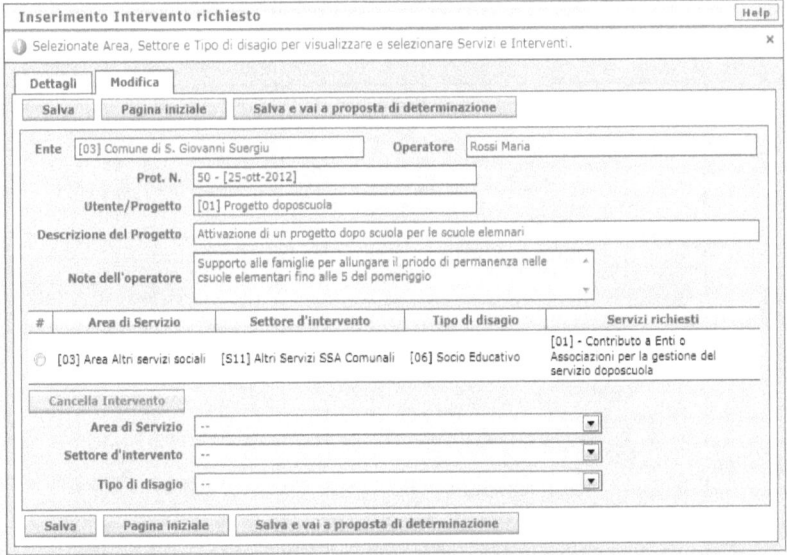

In questa pagina vengono visualizzati il titolo del progetto e l'oggetto. L'operatore può inserire i suoi commenti , definirne le linee di funzionamento, e procedere alla ricerca dei Servizi e degli interventi previsti dalla tipologia del progetto. Salvando la pagina si attribuisce al progetto il numero di protocollo.

La pagina, nel caso di un progetto, mostra il titolo del progetto e la sua descrizione e consente l'inserimento dei commenti dell'operatore, che potrà procedere, selezionando l'area, il settore e il tipo di disagio, (inteso questo come finalità del progetto (es. socio educativa)" alla selezione dei servizi e degli interventi previsti.

L'area di Servizio da selezionare sarà "Altre aree dei Servizi Sociali", che prevedono i settori "Servizi Comunali SSA" e "Multiutenza".

La scelta dell'Area "altri servizi sociali" e "Settore multiutenza" apre l'elenco dei i servizi previsti per questa scelte e, per ognuno di essi, gli interventi previsti.

NOTA

La selezione dei servizi e degli interventi previsti che identificano la tipologia del progetto sulla base della nomenclatura predefinita, è importante ai fini statistici. Ciò ha richiesto l'utilizzo di un approccio metodologico simile per progetti e Utenti.

Selezionando ogni servizio si apre una finestra di scelta che elenca gli interventi previsti per ogni tipologia di servizio.

LA RICHIESTA DI SERVIZI

In questa pagina vengono visualizzati il numero di protocollo, il titolo del progetto e l'oggetto. L'operatore può inserire i suoi commenti allo stesso e procedere alla ricerca dei servizi e degli interventi previsti. Salvando la pagina si attribuisce al progetto il numero di protocollo.

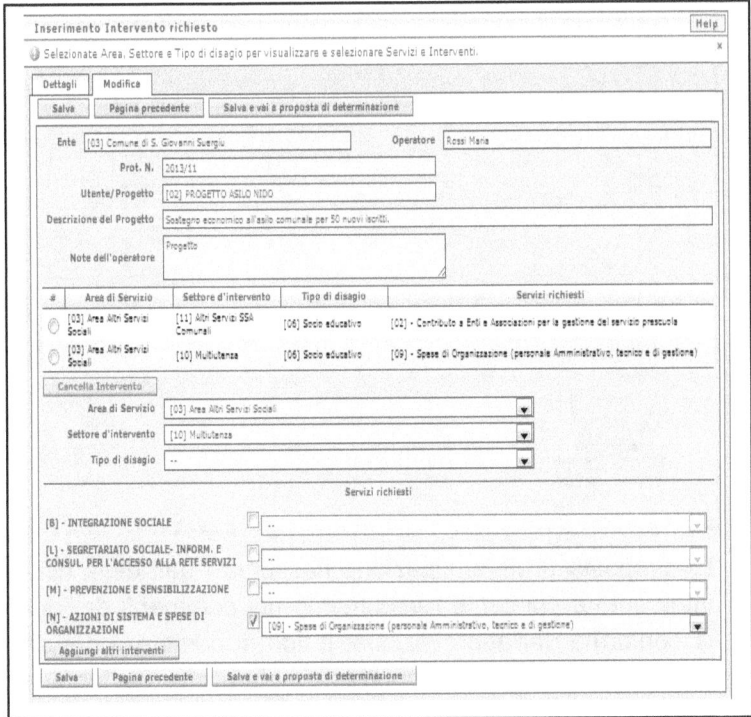

Nell'elenco dei servizi richiesti, appare adesso il numero di protocollo assegnato al progetto.

L'approvazione del progetto

La proposta di determinazione

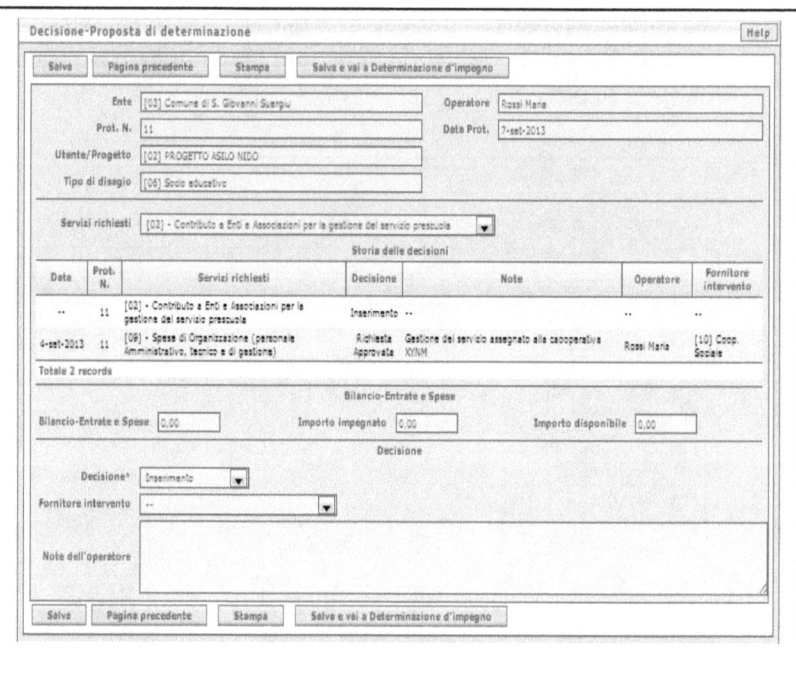

La proposta di determinazione riassume i dati della richiesta di intervento e consente l'inserimento dei commenti dell'operatore, la conferma dell'approvazione, il tipo di gestore a cui affidare il servizio etc. E' anche importante notare che per ogni progetto viene indicata la cifra disponibile in bilancio, quella impegnata e quella residua. Il controllo dei dati di bilancio è importante ai fini della normale conclusione della pratica. L'operatore può inserire i suoi commenti in fasi diverse, rendicontare su eventuali ispezioni etc. Se il progetto è approvato, si può procedere con la determinazione d'impegno.

Il registro Protocollo

Il registro protocollo consente di ottenere l'elenco dei numeri di protocollo e degli utenti relativi e l'oggetto della richiesta. per anno. Selezionando il numero di protocollo o l'utente,è possibile visualizzare la sintesi dei servizi erogati e lo stato della pratica.

In qualunque momento è possibile, selezionando il numero di protocollo, ottenere la scheda utente o la scheda progetto, con tutte le informazioni relative.

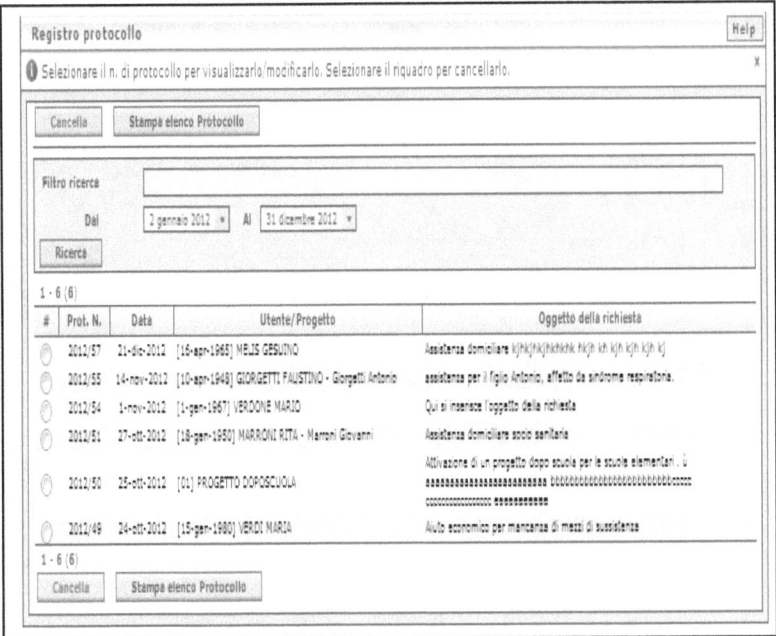

Selezionando un numero di protocollo è possibile risalire alla storia degli interventi. La ricerca del protocollo più essere ottenuta da data a data o mediante l'uso del filtro di ricerca.

Esempio di **scheda Utente (registro protocollo)**

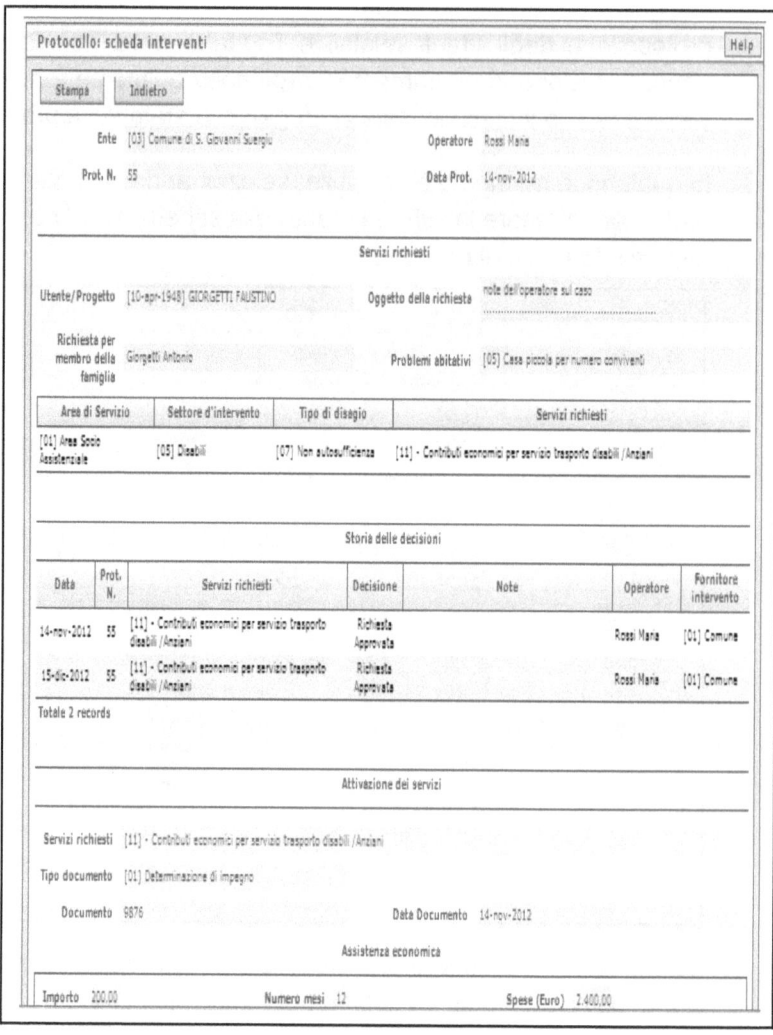

La scheda utente (qui non completa), riassume tutt le fasi della erogazione dei servizi con tutte le informazioni sulle attività svolte.

La scheda progetto (registro protocollo)

Selezionando un progetto, otteniamo la scheda con tutte le informazioni relative.

71

LA PROPOSTA DI DETERMINAZIONE

Elenco delle proposte di determinazione e delle determinazioni emesse.

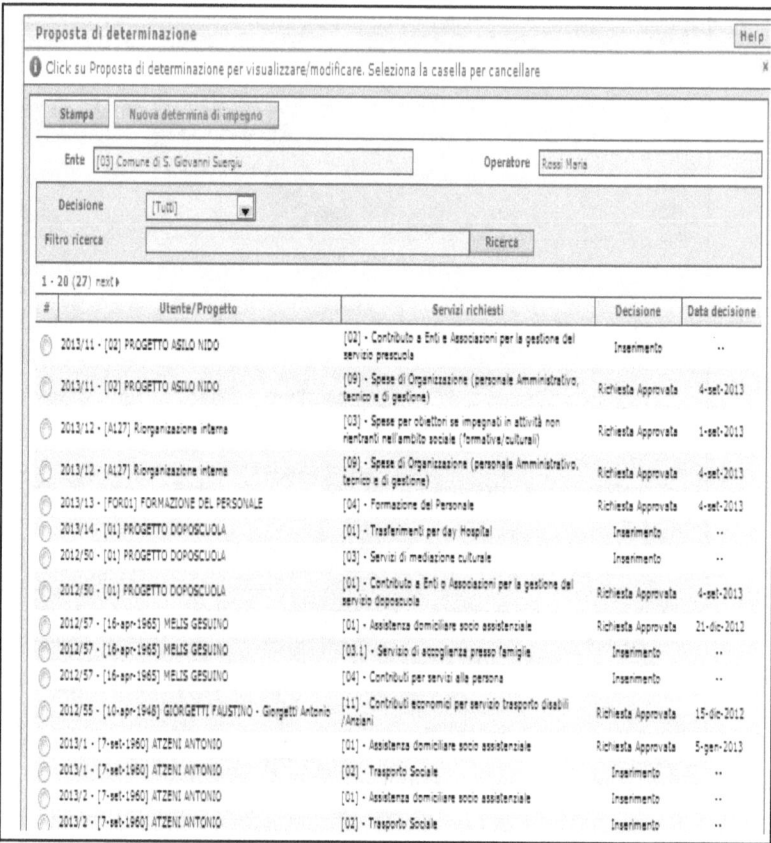

La pagina iniziale riassume il numero di protocollo e il nome dell'Utente/progetto, i servizi richiesti e la decisione .Per procedere elezionare l'utente che interessa. Per ricercare un utente possiamo anche utilizzare il filtro di ricerca.

La pagina di inserimento

La pagina a video riassume i dati relativi all'utente e ai servizi che si richiede di erogare. L'operatore, per ogni servizio richiesto, inserisce la decisione e le sue annotazioni. Soltanto se il servizio è approvato si può procedere alla successiva determinazione d'impegno. In questa pagina l'operatore può inserire nel tempo tutte le sue valutazioni relative all'utente e allo stato della pratica. A completamento della decisione, premendo un tasto si può passare alla determinazione d'impegno

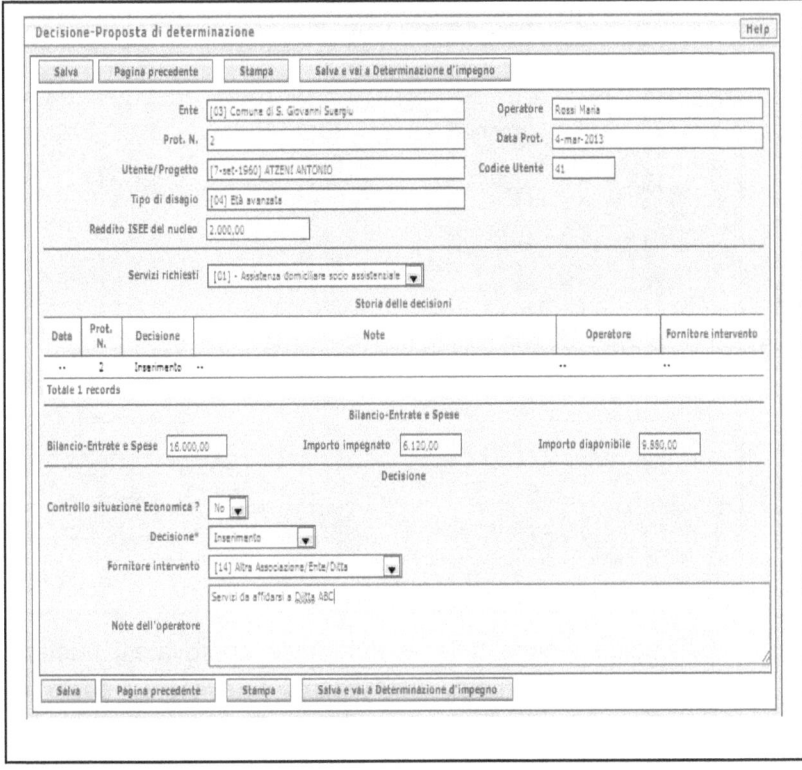

La determinazione d'impegno

Elenco delle determine

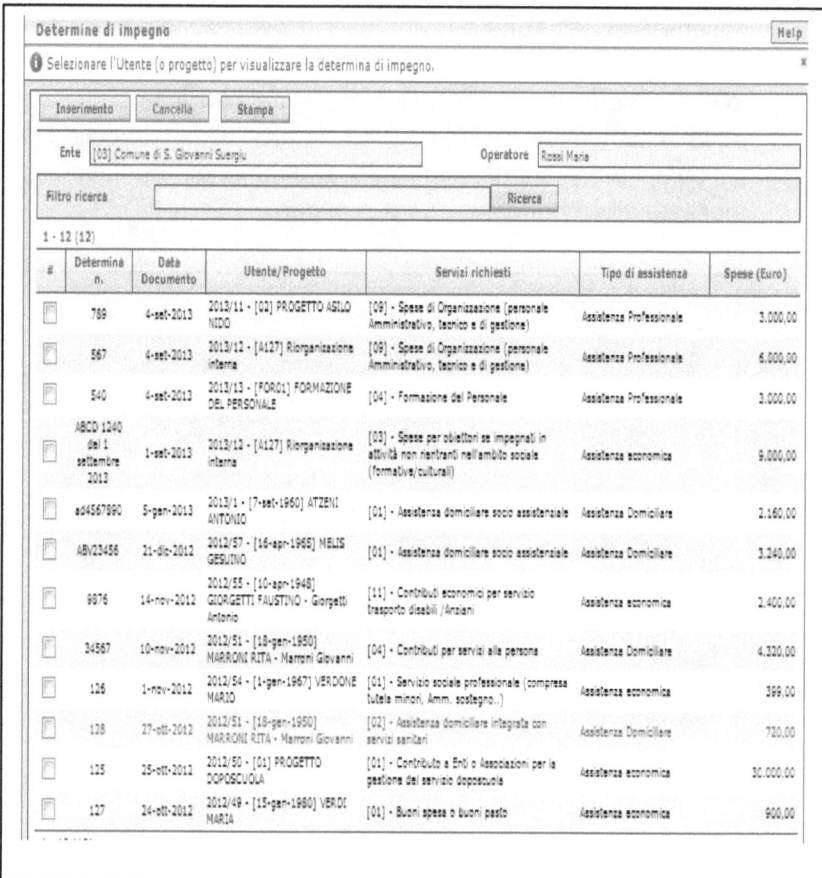

La pagina elenca tutte le determine approvate,il numero e la data, la richiesta, il tipo di assistenza rprevisto e il costo relativo. Selezionare con il cursore il nome dell'utente/progetto .per visualizzare la pagina di inserimento della determinazione d'impegno. Per ogni intervento sono indicati Il numero di determina e la data.

Per richiamare una determinazione già esistente, selezionare il numero di determina per ottenere la scheda che riassume i dati della determina e gli importi o servizi erogati.

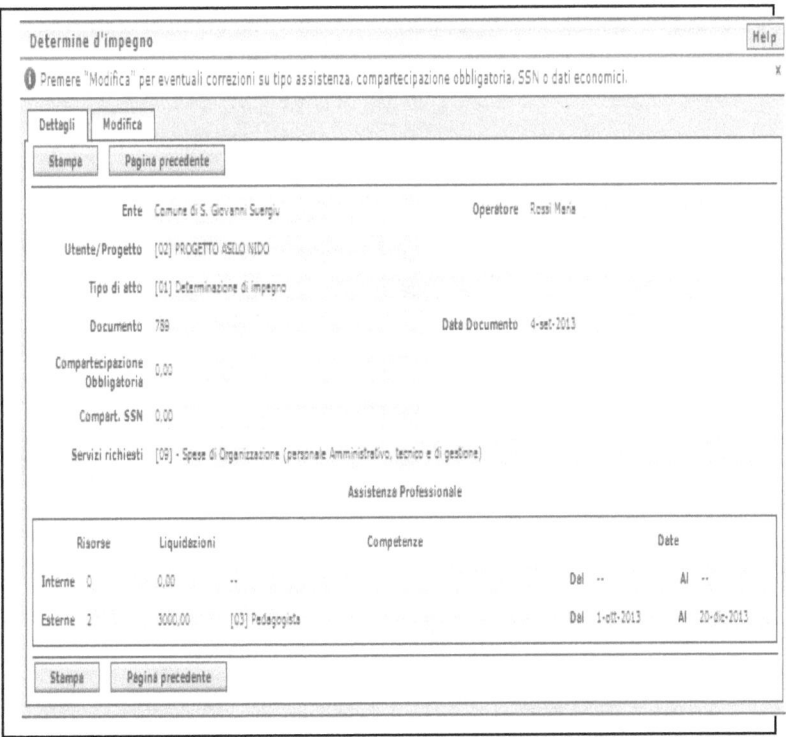

La funzione modifica consente di visualizzare la determina e consente di apportare eventuali correzioni.

Se si modifica il tipo di assistenza, appaiono le specifiche voci per l'inserimento dei costi. In questo caso l'intervento di assistenza domiciliare, prevede il numero di giornate da erogare, il numero di mesi e il costo unitario

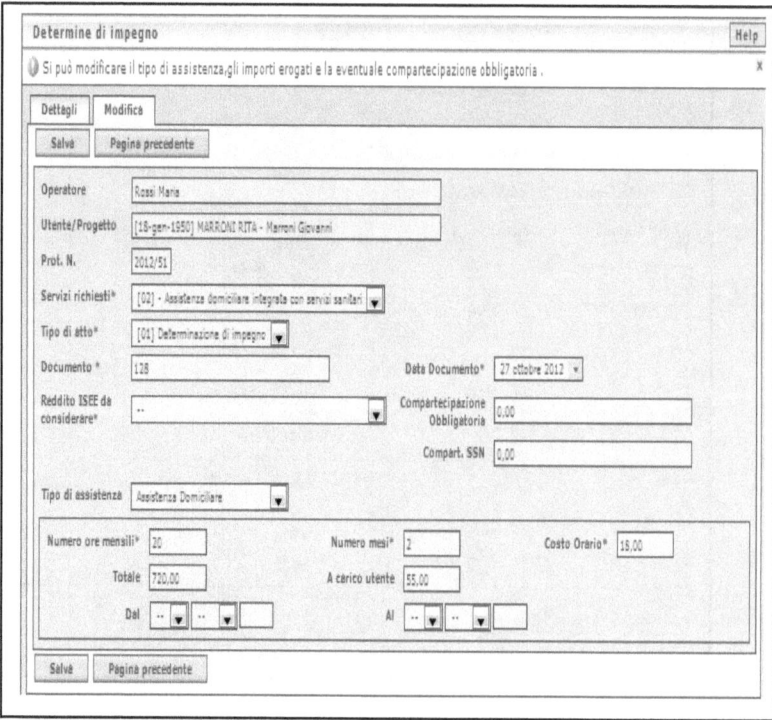

Inserimento di una nuova determinazione

L'inserimentro di una nuova determinazione è possibile se esiste una proposta di determinazione approvata. Selezionare la proposta d'impegno che interessa.

Viene registrato il numero dlla determinazione d'impegno e la data , il reddito ISEE considerata, l'eventuale compartecipazione dell'utente e la eventuale compartecipazione al costo del SSN.

Il modulo di inserimento prevede la determinazione del tipo di spesa che viene impegnata. Se selezioniamo "assistenza domiciliare" , per esempio, indichiamo il numero di ore mensili per il numero dei mesi e il costo orario. previsto.

Se si forniscono servizi di assistenza professionale, possiamo inserire il costo e il numero di addetti, interni e/o esterni e il costo relativo.

Il sistema calcola il costo totale e calcola automaticamente l'importo a carico dell'utente, in relazione al suo Isee, secondo le percentuali stabilite. E'prevista "assitenza economica", "assistenza professionale," "Assistenza domiciliare "e "assistenza indiretta". L'operatore può scegliere una o più voci.

Emissione di una nuova determinazione

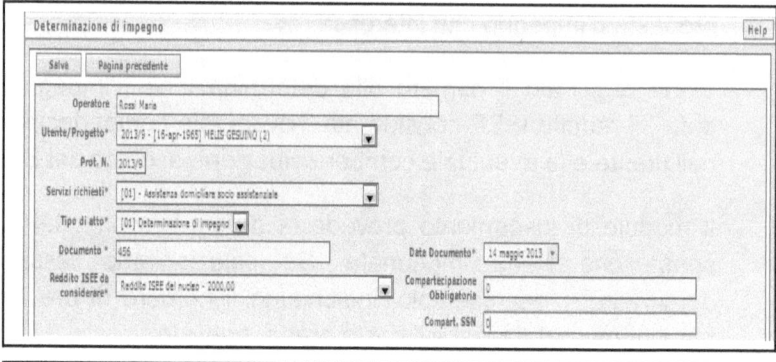

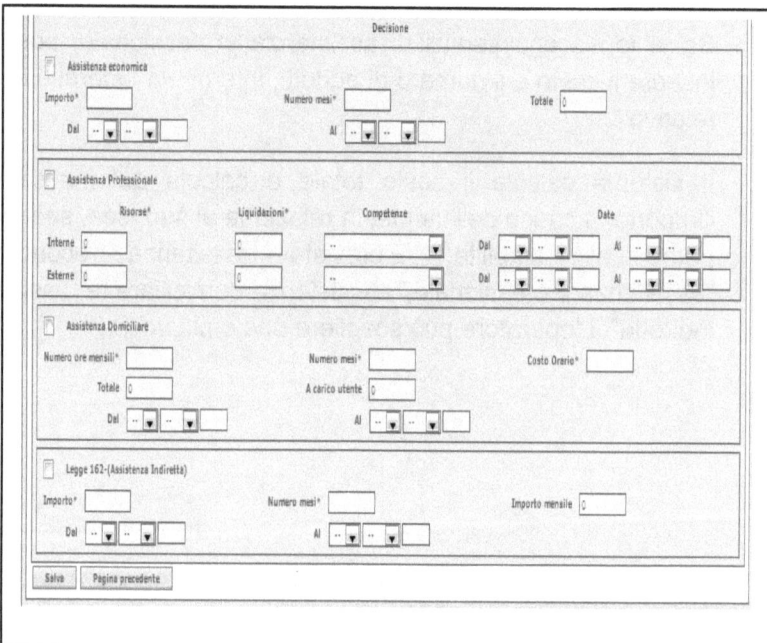

Sono previste le varie tipologie di assistenza: l'assistenza economica, l'assistenza professionale, l'assistenza domiciliare e l'assistenza indiretta.

Una volta inseriti il numero di determinazione, la compartecipazione obbligatoria o la compartecipazione del SSN si inserisce la tipologia di costo in relazione alla tipologia di intervento richiesto. Le voci di costo che appaiono sulla scheda differiscono a seconda del serizio reso.

La scheda utente riassume gli impegni assunti in relazione alla tipologia dell'aiuto erogato.

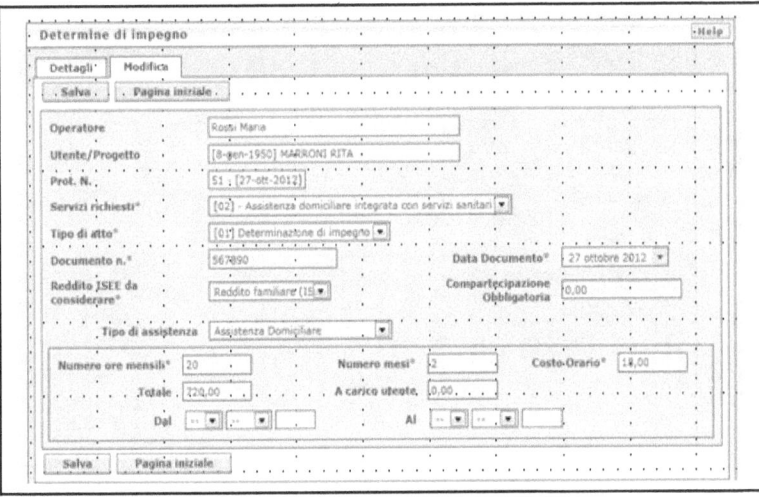

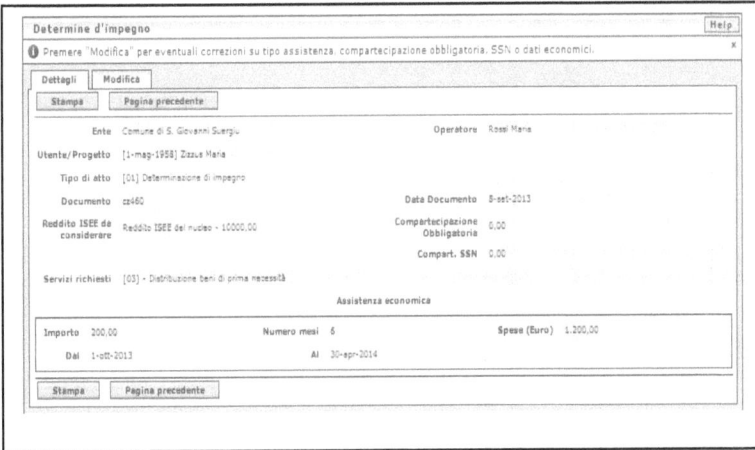

LE LIQUIDAZIONI

La pagina riassume per utente l'importo approvato,l'importo speso e la differenza. Per inserire l'importo da erogare , selezionare l'utente. dall'elenco delle liquidazioni Apparirà la maschera di inserimento, calibrata in relazione alla tipologia si costo indicato.

Elenco delle liquidazioni

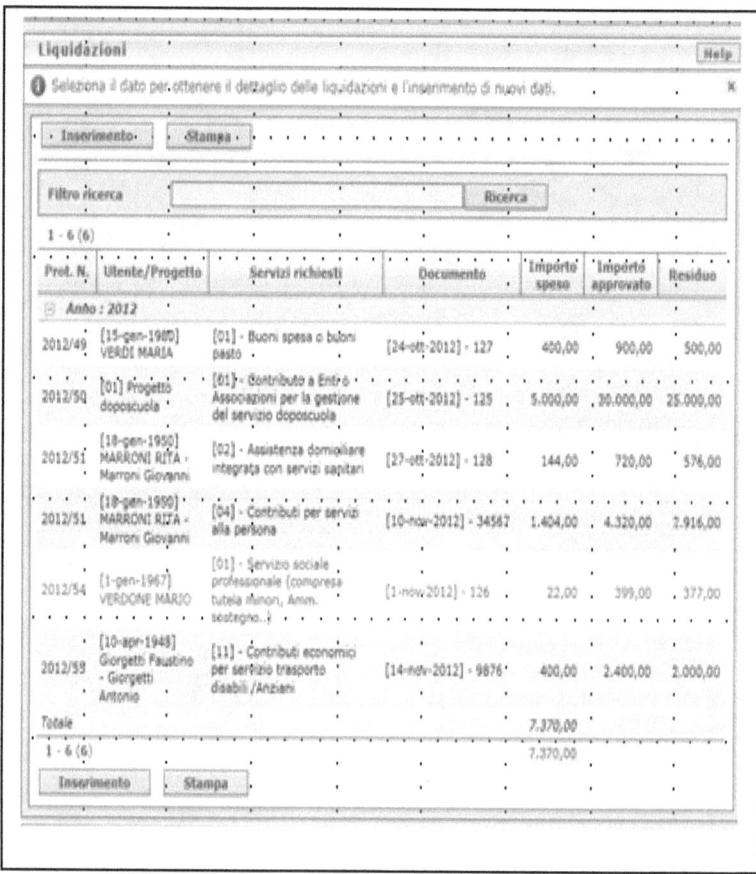

Inserimento Liquidazioni

LIQUIDAZIONE DEI SERVIZI DOMICILIARI

Se si seleziona un utente a cui è stata concessa assistenza domiciliare diretta, ottengo le ore mensili fornite e l'importo relativo.L'inserimento dei costi, in questo caso prevede soltanto la selezione del mese e il numero di ore mensili del servizio fornito. Il calcolo viene fatto automaticamente.

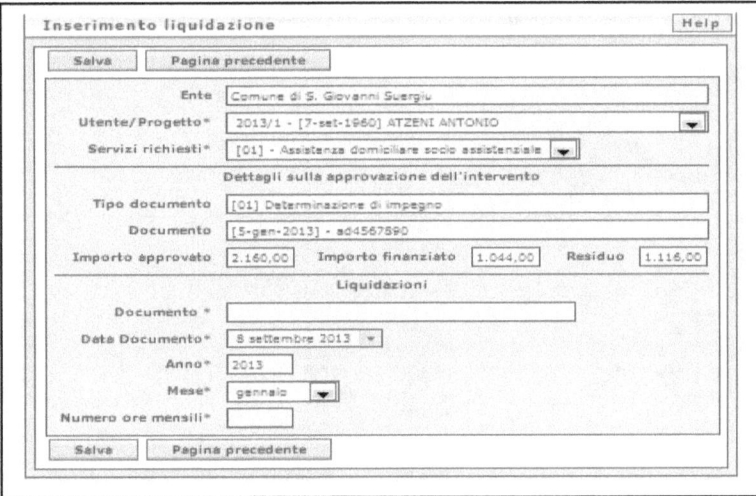

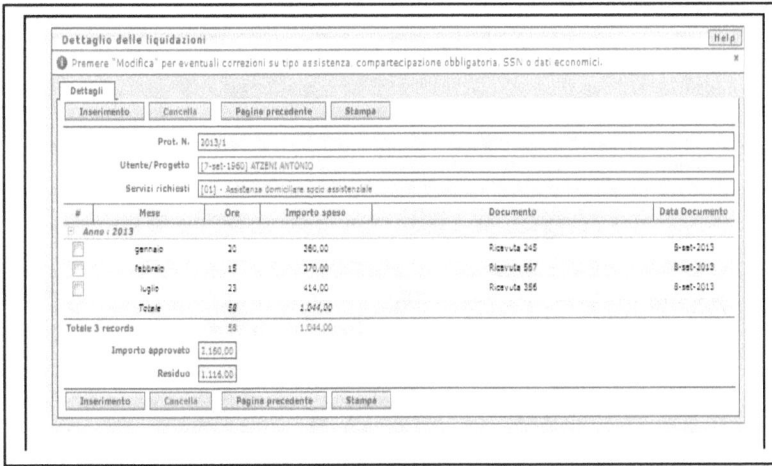

Liquidazioni di aiuti economici

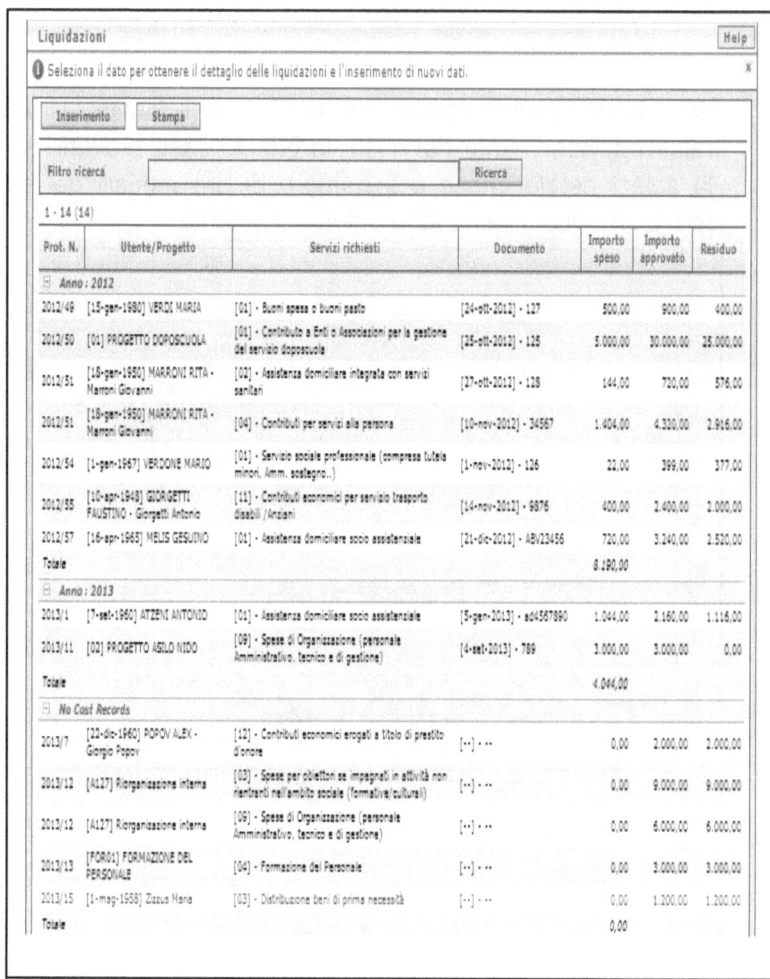

L'elenco delle liquidazioni. Per ogni utente/progetto è indicato l'importo erogato, quello speso e il residuo. Selezionando l'utente/ progetto otteniamo la pagina di sintesi. Il modello di inserimento e la stampa delle sintesi differiscono in relazione all'intervento.

La scheda d'inserimento

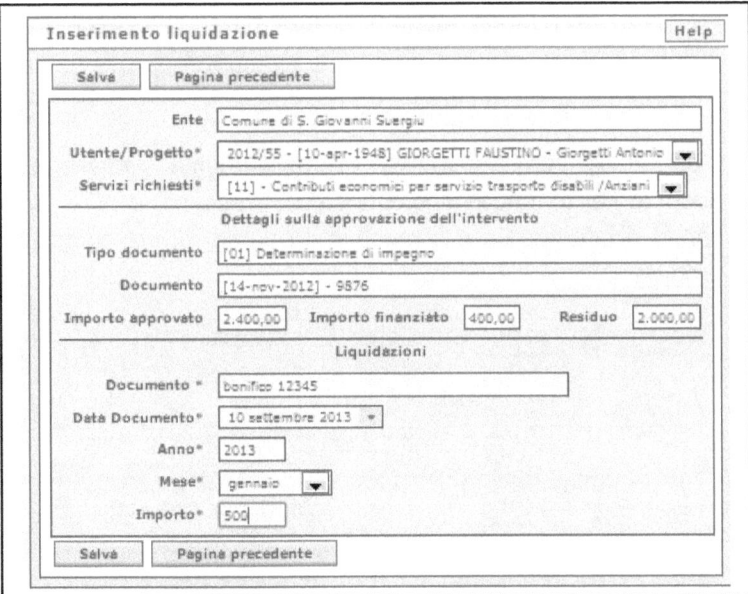

La scheda di sintesi

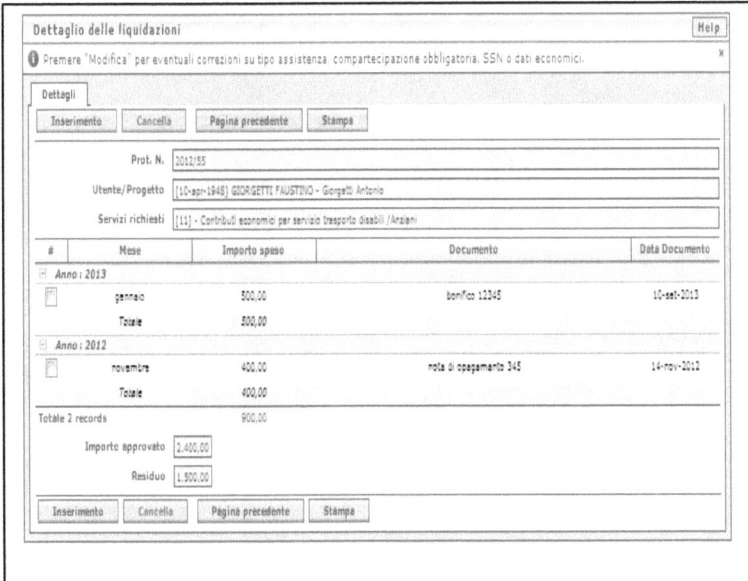

Liquidazione di servizi di assistenza domiciliare

La parte centrale del modello fa riferimento alla determinazione d'impegno e al bilancio, indicando l'importo approvato, l'importo finanziato e quello residuo

L'operatore amministrativo semplicemente inserisce il documento di pagamento (bonifico, assegno etc) e la data. l'anno di riferimento e il mese e il numero di ore di assistenza erogate.

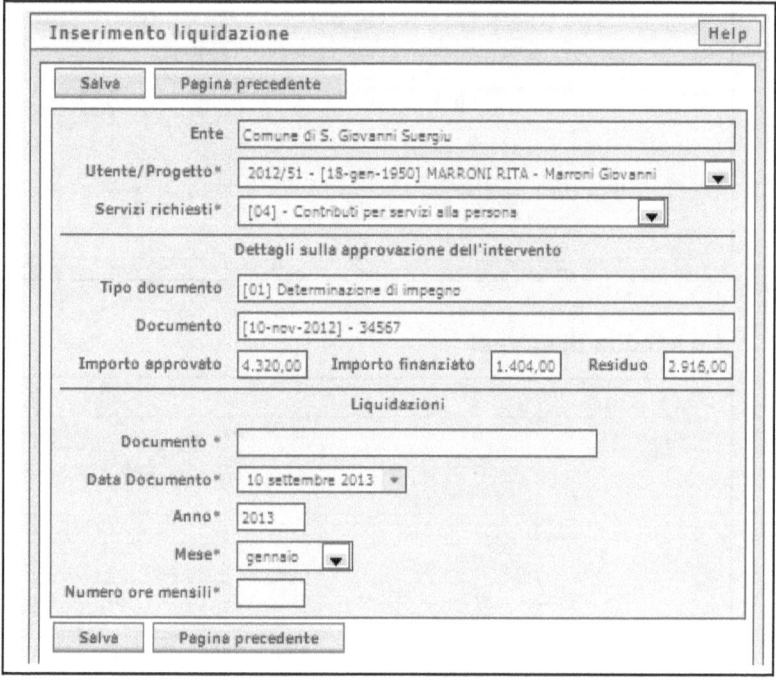

La scheda di sintesi delle liquidazioni eseguite.

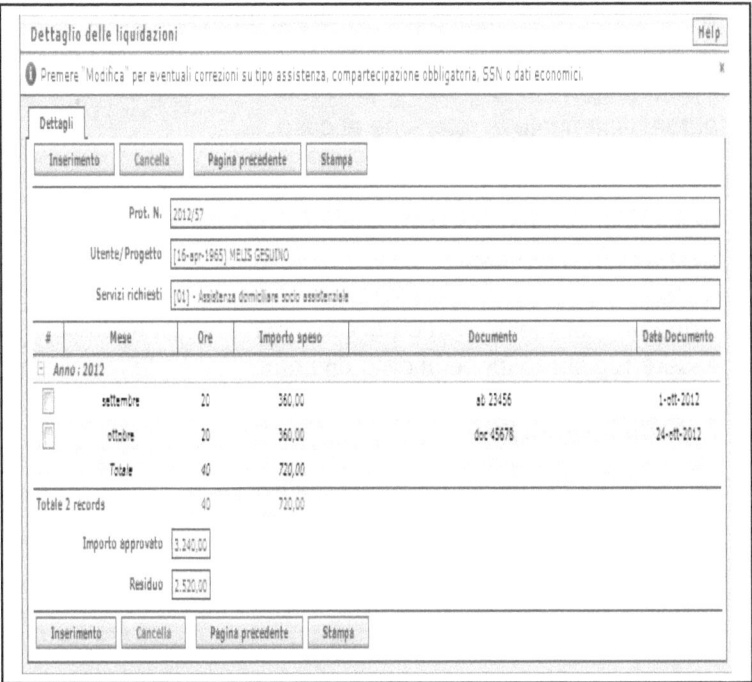

Nel caso di assistenza domiciliare è necessario inserire le ore di servizio erogate. Il calcolo viene effettuato in automatico, In calce e' indicato l'importo erogato e quello residuo.Per l'inserimento di un nuovo pagamento, premere il tasto "inserimento", per rivedere un pagamento, semplicemente deselezionare il dato.per attivare la funzione "modifica". Sono elencate le ore mensili di servizio erogate .

LIQUIDAZIONE RIMBORSO ASSISTENZA INDIRETTA

Se si tratta di un intervento in forma indiretta, per il successivo rimborso di parte dei costi sostenuti dall'utente, la maschera di inserimento che si presenta all'operatore cambia automaticamente in relazione al caso.

Nel caso sotto indicato è previsto che l'utente produca la ricevuta di pagamento MAV e la ricevuta dell'importo pagato, ad esempio, alla badante.

Il rimborso all'utente non è necessariamente contestuale e può essere registrato nche in data diversa.

Scheda Inserimento

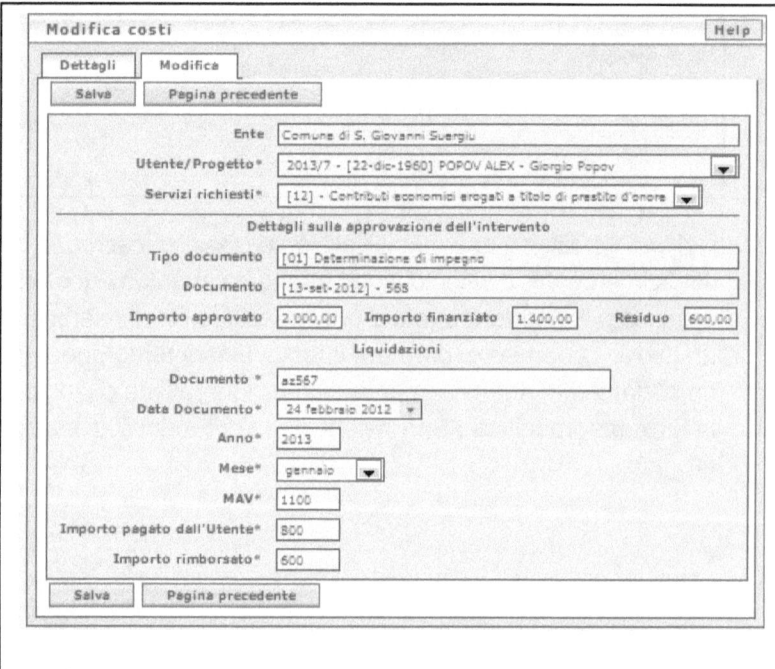

Scheda riepilogativa.

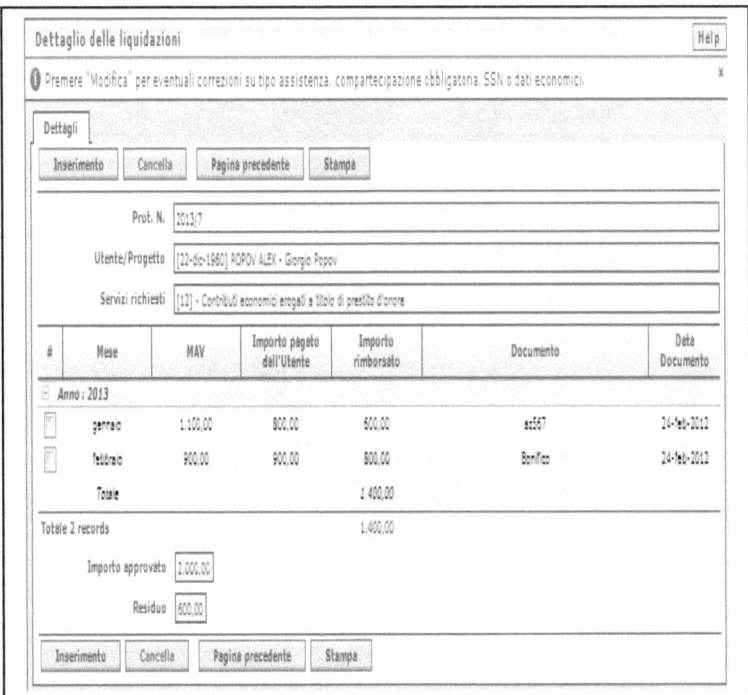

Per provvedere ad una modifica, semplicemente selezionare il dato e apparirà la scheda da modificare.

Liquidazione dei progetti di servizio

La liquidazione dei progetti di servizio non differisce da quella relativa ai singoli utenti.

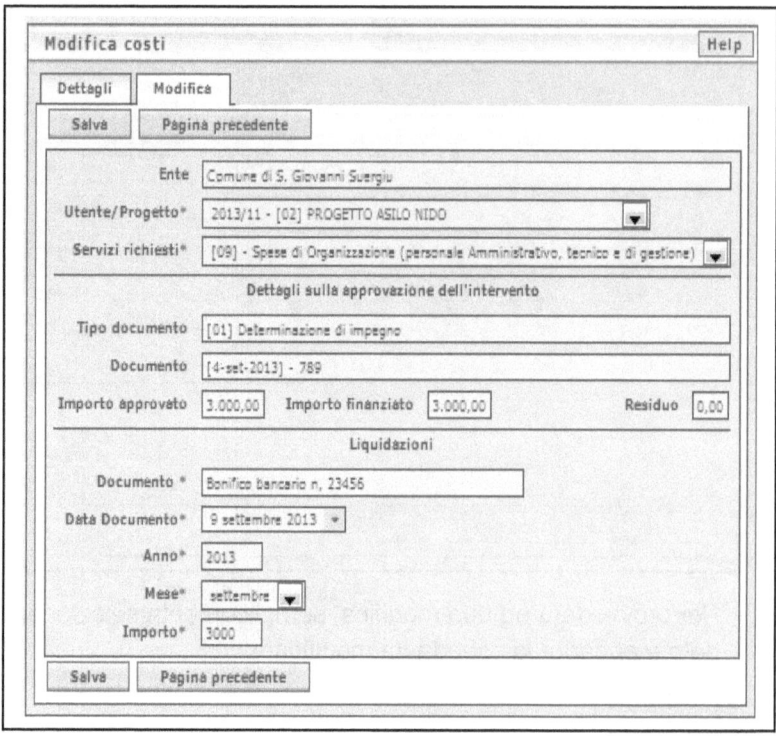

COMPARTECIPAZIONE UTENTI

La pagina visualizza soltanto i progetti/utenti per il quali è prevista una compartecipazione e registra i pagamenti effettuati e il saldo dovuto.

La compartecipazione è calcolata sulla base del reddito utente, nelle percentuali previste dalla tabella di compartecipazione. E' anche previsto il calcolo della compartecipazione obbligatoria nei casi di parziale pagamento del servizio reso.

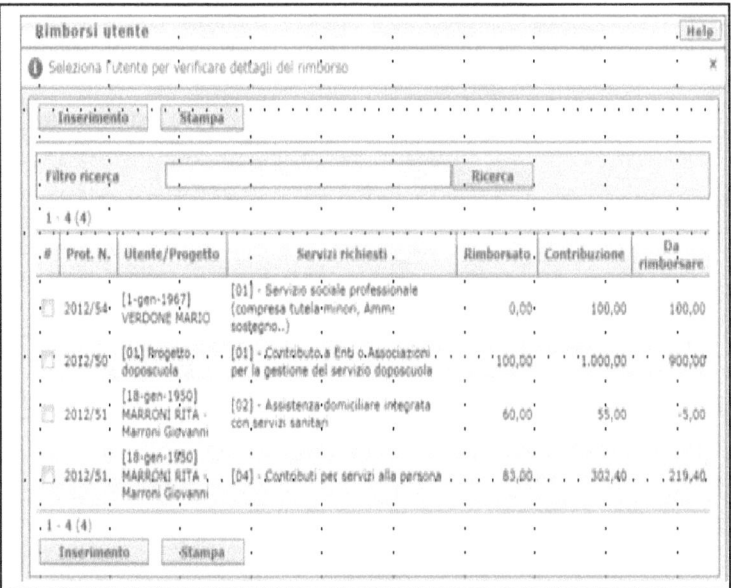

Selezionando il progetto con il mouse, appare la scheda utente.

Selezionando il dato che interessa nella scheda utente, si accede alla pagina per la modifica del dato.

IL RIMBORSO DEI COSTI DI COMPARTECIPAZIONE UTENTI

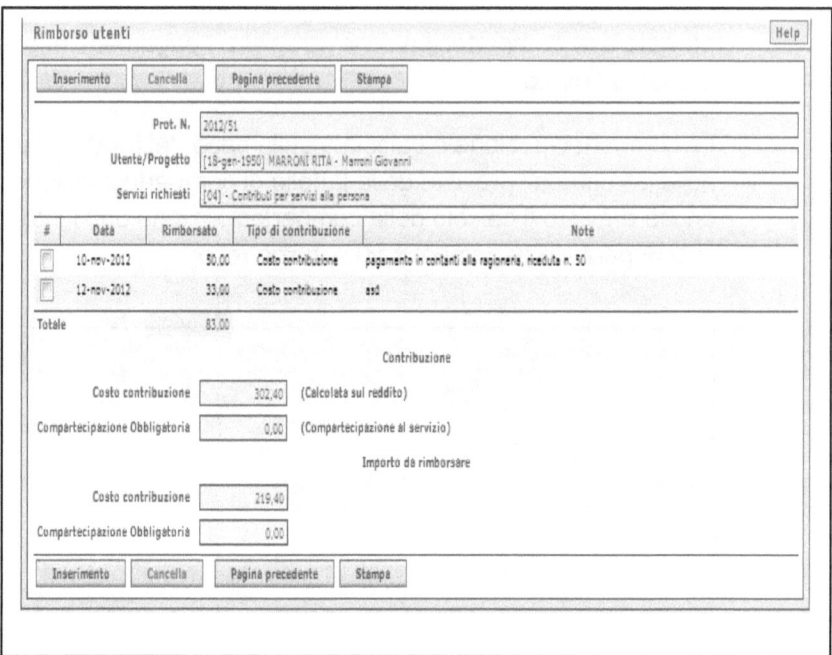

Sono evidenziati i valori della compartecipazione dovuta, inclusa quella obbligatoria,e i valori pagati.

PARTE GENERALE

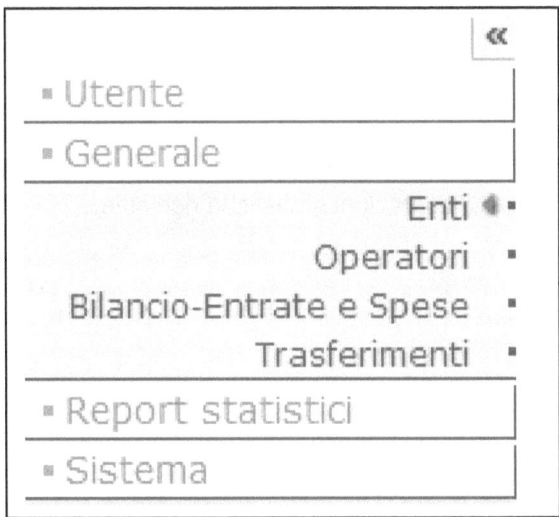

Il sistema è multiutente . Esso è stato concepito per la gestione di numero anche elevato di enti legati ad un territorio.

E' dunque previsto l'inserimento di tutti gli enti collegati ad un segretariato (Comune , Provincia, Unione Comuni) con funzioni di coordinamento.

In ogni Ente saranno inseriti gli operatori autorizzati all'uso del sistema. L'attribuzione di una login e di una password ad ogni operatore consentirà l'automatico riconoscimento dell'Ente al quale appartengono.

Il modulo contiene pertanto le procedure necessarie per l'impostazione del sistema e la identificazione dell'ente o degli enti collegati, degli operatori attivati.

Il bilancio prevede l'inserimento dei dati iniziali di bilancio riferiti ai servizi di assistenza. Tale inserimento consentirà di seguire l'evoluzione della spesa durante l'attività di erogazione dei servizi.

Il modulo dei Trasferimenti da / a altri Enti, consente le registrazioni di tutti i trasferimenti per mantenere i dati relativi, necessari per le rendicontazioni statistiche richieste.

INSERIMENTO DEGLI ENTI

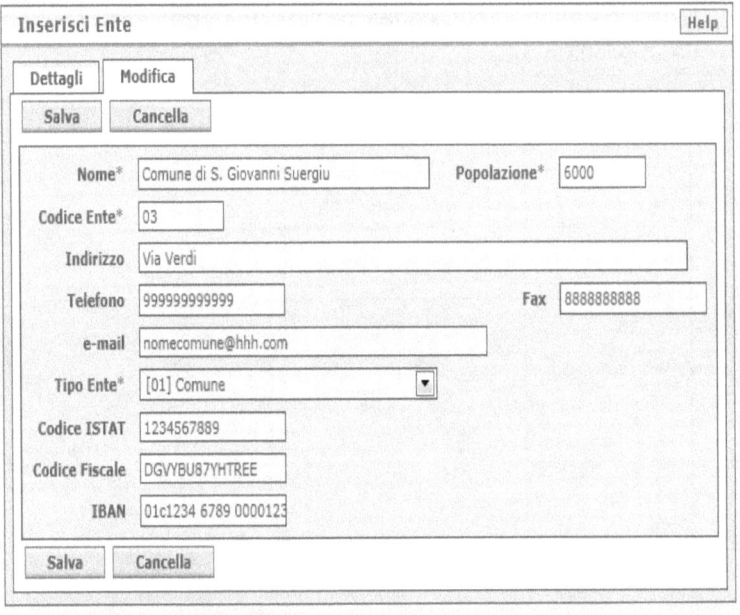

Esempio di elenco degli enti inseriti.

(idati inseriti non sono quelli reali e vengono indicati a solo titolo esemplificativo).

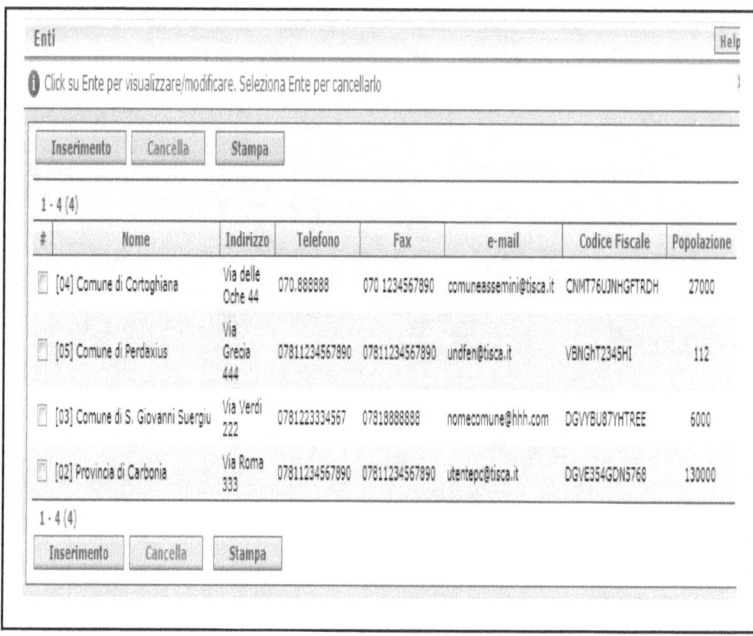

E' sufficiente selezionare il nome dell'Ente per ottenere la scheda inserita.

INSERIMENTO DEGLI OPERATORI

Ogni ente inserisce il nome degli operatori.

L'inserimento dell'Ente da cui dipende l'operatore crea la relazione necessaria per il riconoscimento dell'operatore e dell'Ente di appartenenza quando l'operatore entra nel sistema con la sua login e password.

Ad ogni operatore, in relazione alla sua posizione, sarà consentito l'accesso a specifiche procedure.

L'elenco degli operatori

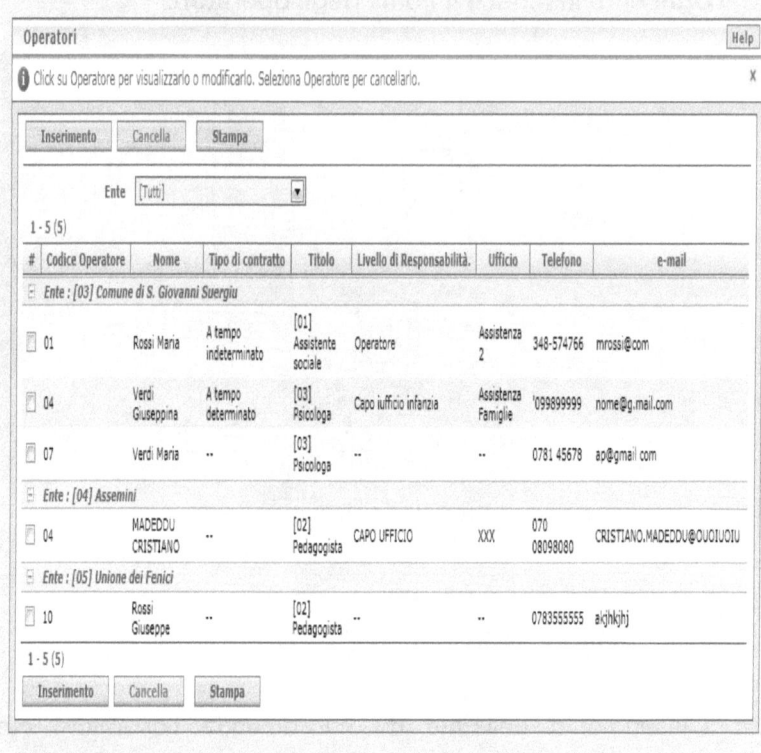

L'elenco consente l'immediata identificazione degli operatori e dei dati necessari per una veloce comunicazione .

La stampa degli operatori per Ente.

Operatori

#	Codice Operatore	Nome	Tipo di contratto	Titolo	Livello di Responsabilità.	Ufficio	Telefono	e-mail
Ente : [03] Comune di S. Giovanni Suergiu								
1.	01	Rossi Maria	A tempo indeterminato	[01] Assistente sociale	Operatore	Assistenza 2	348-574766	mrossi@com
2.	04	Verdi Giuseppina	A tempo determinato	[03] Psicologa	Capo ufficio infanzia	Assistenza Famiglie	099899999	nome@g.mail.com
3.	07	Verdi Maria	--	[03] Psicologa	--	--	0781 45678	ap@gmail.com
Ente : [04] Comune di Cortoghiana								
4.	04	Madeddu Cristiano	A tempo indeterminato	[02] Pedagogista	Capo Ufficio	XXX	070 08098080	cristiano.madeddu@t
Ente : [05] Comune di Perdaxius								
5.	10	Rossi Giuseppe	A tempo indeterminato	[02] Pedagogista			0783555555	uodfe@tisca.it

Totale 5 records

INSERIMENTO DELLE DISPONIBILITA' DI BILANCIO

Ogni Ente entra nel sistema, seleziona   il settore e ottiene l'elenco dei Servizi (macrocategorie)

Selezionando il settore appaiono gli interventi relativi per l'inserimento del budget.

Per ogni Settore d'intervento vengono elencati tutti i possibili Servizi e, per ogni servizio, sono elencati gli interventi previsti. *Ogni Ente seleziona il servizio e l'intervento su cui ha la disponibilità e inserisce l'importo disponibile in bilancio.*

(Verranno in seguito automaticamente aggiornati gli importi impegnati e spesi.)

Selezioniamo il settore d'intervento che ci interessa. Nella pagina verranno elencati i servizi previsti nel settore.

Elenco Interventi per Servizio	Importo	Impegnato	Spese	Residuo
[A] - ATTIVITA DI SERVIZIO SOCIALE PROFESSIONALE	3.400,00	399,00	22,00	3.001,00
[B] - INTEGRAZIONE SOCIALE	3.200,00	0,00	0,00	3.200,00
[C] - INTERV. E SERV. EDUCATIVO-ASSIST. E PER L'INSERIMENTO LAVORATIVO	0,00	0,00	0,00	0,00
[D] - ASSISTENZA DOMICILIARE	0,00	0,00	0,00	0,00
[F.1] - CONTRIBUTI ECONOMICI PER L'ATTIVAZIONE DI SERVIZI	0,00	0,00	0,00	0,00
[F.2] - CONTRIBUTI, SUSSIDI, INTEGRAZ.E PAGAMENTO RETTE PER STRUTTURE	5.000,00	0,00	0,00	5.000,00
[F.3] - INTEGRAZIONE AL REDDITO	0,00	0,00	0,00	0,00
[G] - CENTRI E STRUTTURE SEMI-RESIDENZIALI (A CICLO DIURNO)	0,00	0,00	0,00	0,00
[H] - STRUTTURE COMUNITARIE E RESIDENZIALI	0,00	0,00	0,00	0,00

Selezionando il tipo di servizio si ottiene l'elenco degli interventi previsti, per l'inserimento del budget. Potremo inserire un codice, indicare il capitolo di bilancio e la spesa prevista.

In ogni momento la voce verrà automaticamente aggiornata con l'importo asegnato e quello speso.

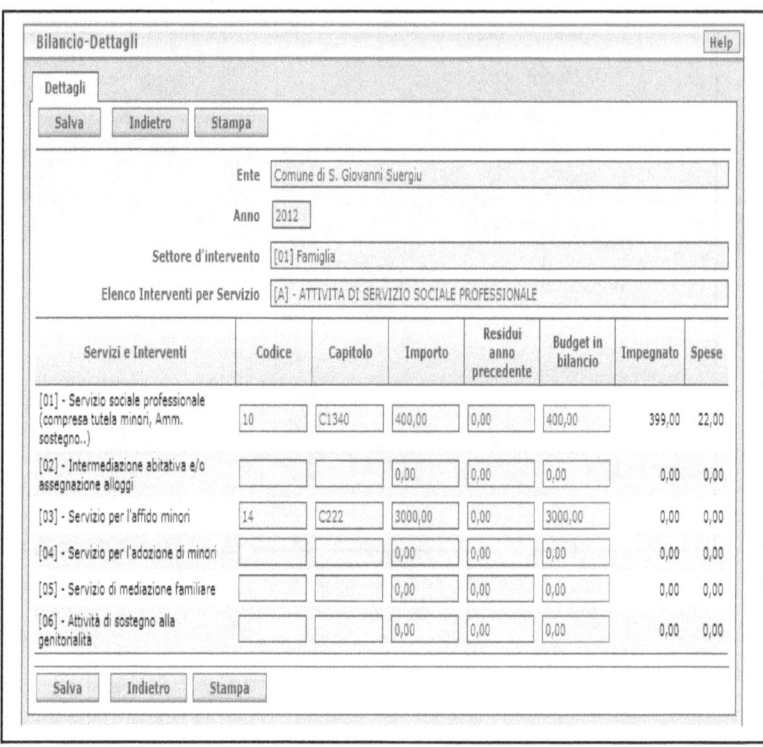

Bilancio-Dettagli

Ente   Comune di S. Giovanni Suergiu   Anno   2012

Settore d'intervento   [01] Famiglia   Elenco Interventi per Servizio   [A] - ATTIVITA DI SERVIZIO SOCIALE PROFESSIONALE

Servizi e Interventi	Codice	Capitolo	Importo	Residui anno precedente	Budget in bilancio	Impegnato	Spese
[01] - Servizio sociale professionale (compresa tutela minori, Amm. sostegno..)	10	C1340	400,00	0,00	400,00	399,00	22,00
[02] - Intermediazione abitativa e/o assegnazione alloggi	-	-	0,00	0,00	0,00	0,00	0,00
[03] - Servizio per l'affido minori	14	C222	3000,00	0,00	3000,00	0,00	0,00
[04] - Servizio per l'adozione di minori	-	-	0,00	0,00	0,00	0,00	0,00
[05] - Servizio di mediazione familiare	-	-	0,00	0,00	0,00	0,00	0,00
[06] - Attività di sostegno alla genitorialità	-	-	0,00	0,00	0,00	0,00	0,00

Possiamo naturalmente stampare il bilancio per ogni settore d'intervento e tipologia di intervento.

I TRASFERIMENTI

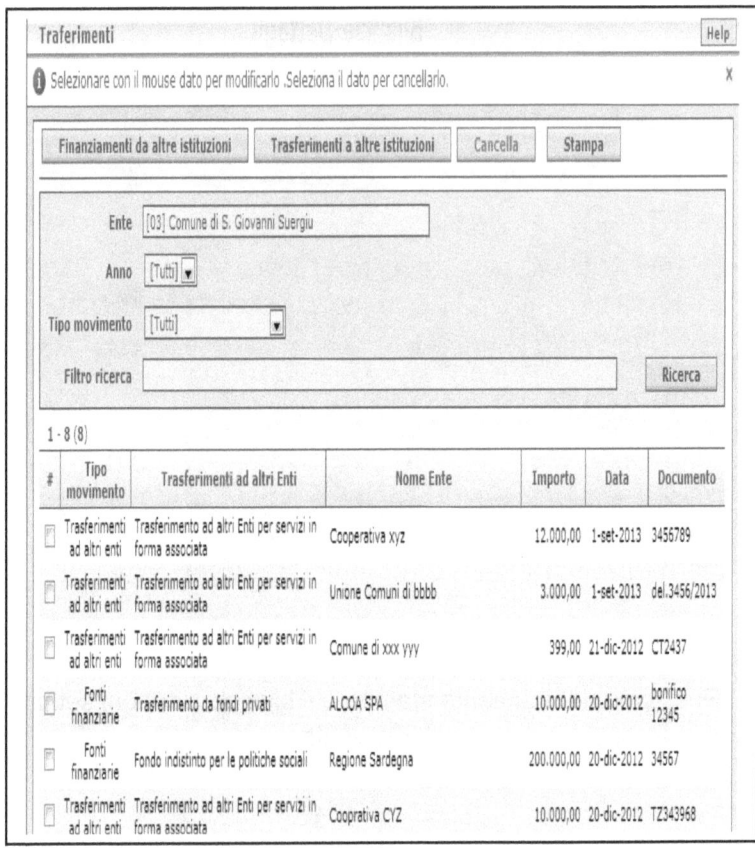

La pagina elenca tutti i trasferimenti ad altri enti e i trasferimento da altri enti (risorse finanziarie). Selezionando il tipo di movimento potremo selezionare il tipo di trasferimento che ci interessa, e provvedere all'inserimento dei dati

FONTI FINANZIARIE (trasferimenti da altri enti)

Se selezioniamo "fonti finanziarie", otteniamo l'elenco dei
finanziamenti pervenuti da altri enti,

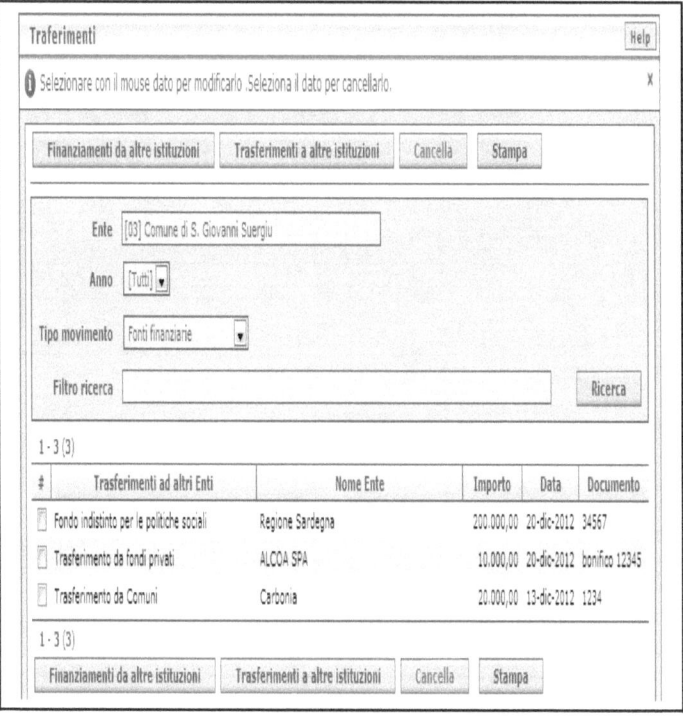

TRASFERIMENTI A ALTRI ENTI

Se selezioniamo "trasferimento a altri enti",otteniamo l'elenco dei finanziamenti a cooperative, associazioni, altri comuni etc.

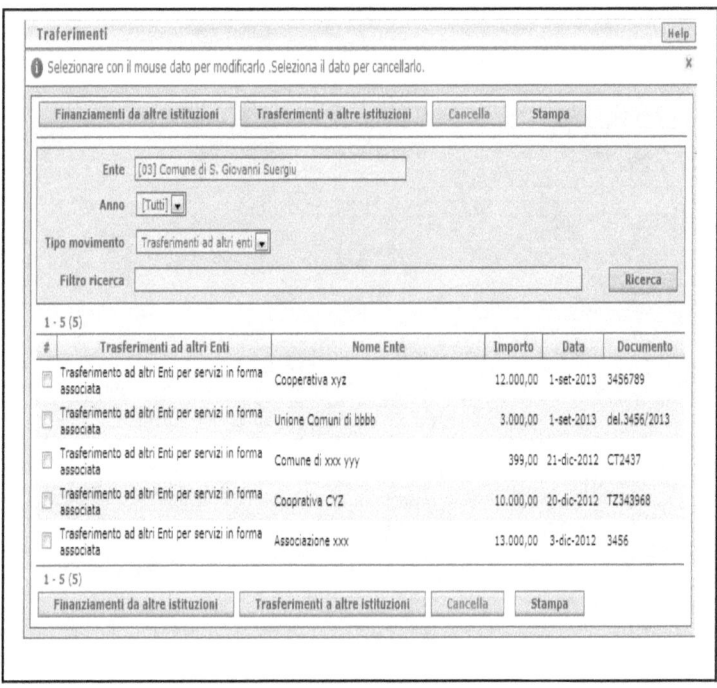

L'inserimento dei dati

è possibile selezionare due tasti:

- Trasferimenti ad altri enti

- Trasferimenti da altri Enti

Trsferimenti da altri Enti

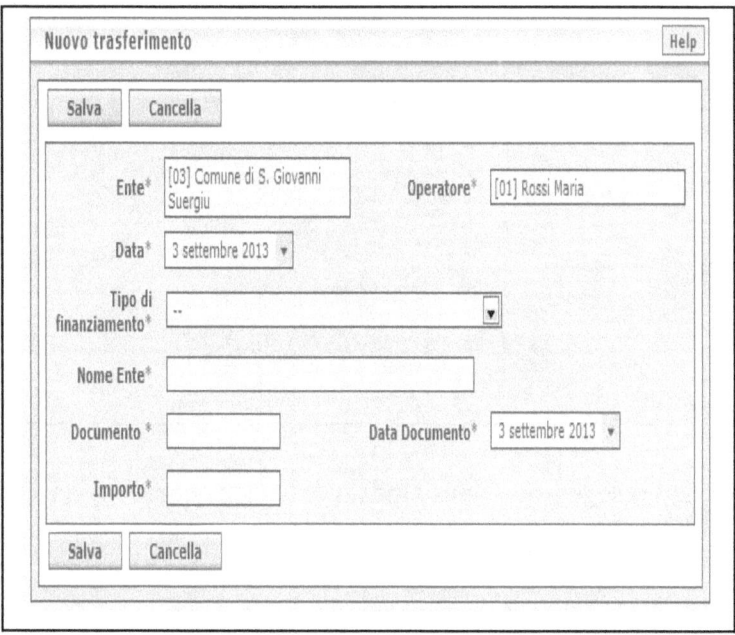

Il tipo di trasferimento è indicato nella finestra

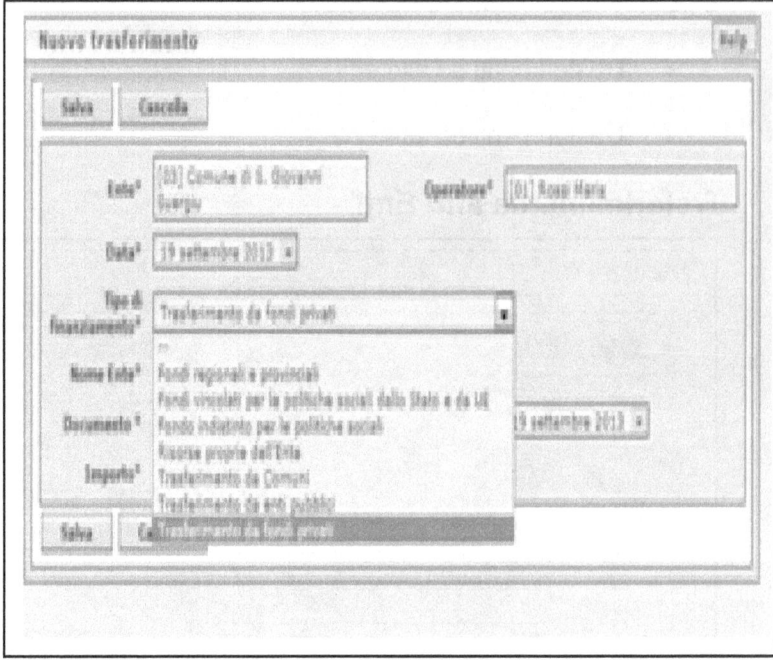

La tipologia di finanziamento è selezionabile dalla finestra. Ulteriori voci possono essere inserite nel vocabolario di sistema.

Trasferimento ad altri Enti

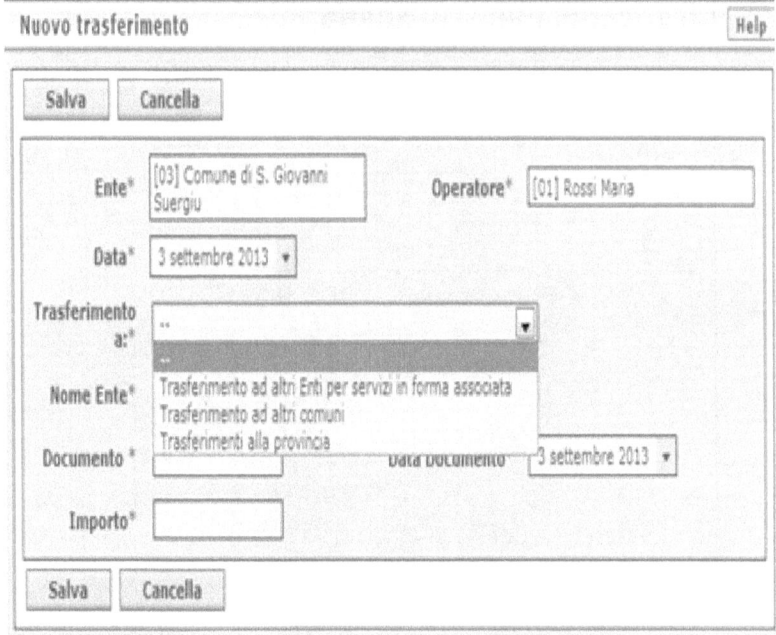

La finestra di scelta consente di selezionare il tipo di trasferimento.

I REPORT STATISTICI

Le voci del menu di scelta.

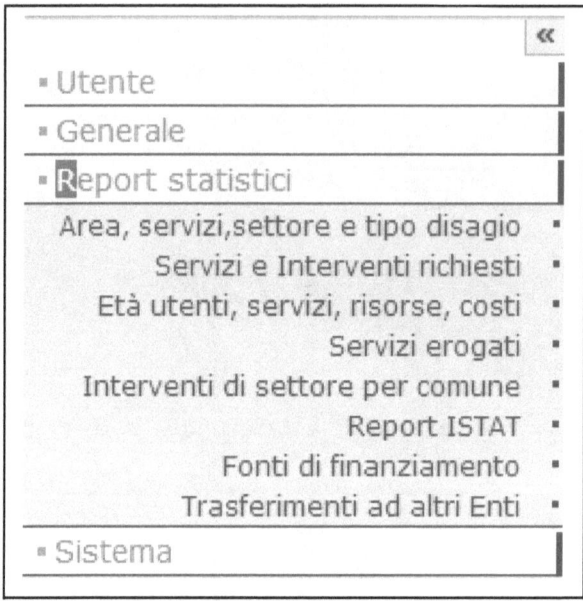

Servizi, settore e tipo di disagio

La ricerca può essere effettuata per
- Area di servizio
- Tipo di disagio
- Categoria d'intervento
- Settore d'intervento

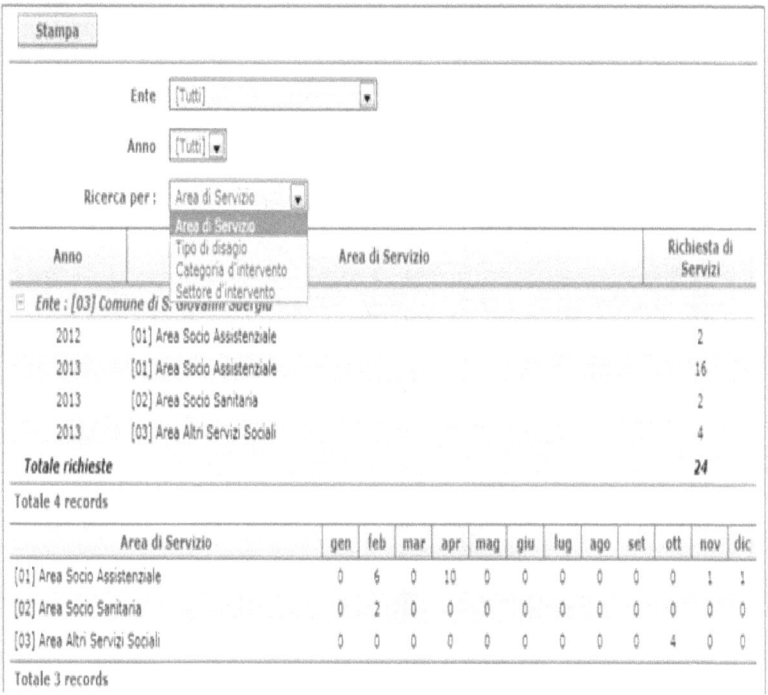

Area di servizio

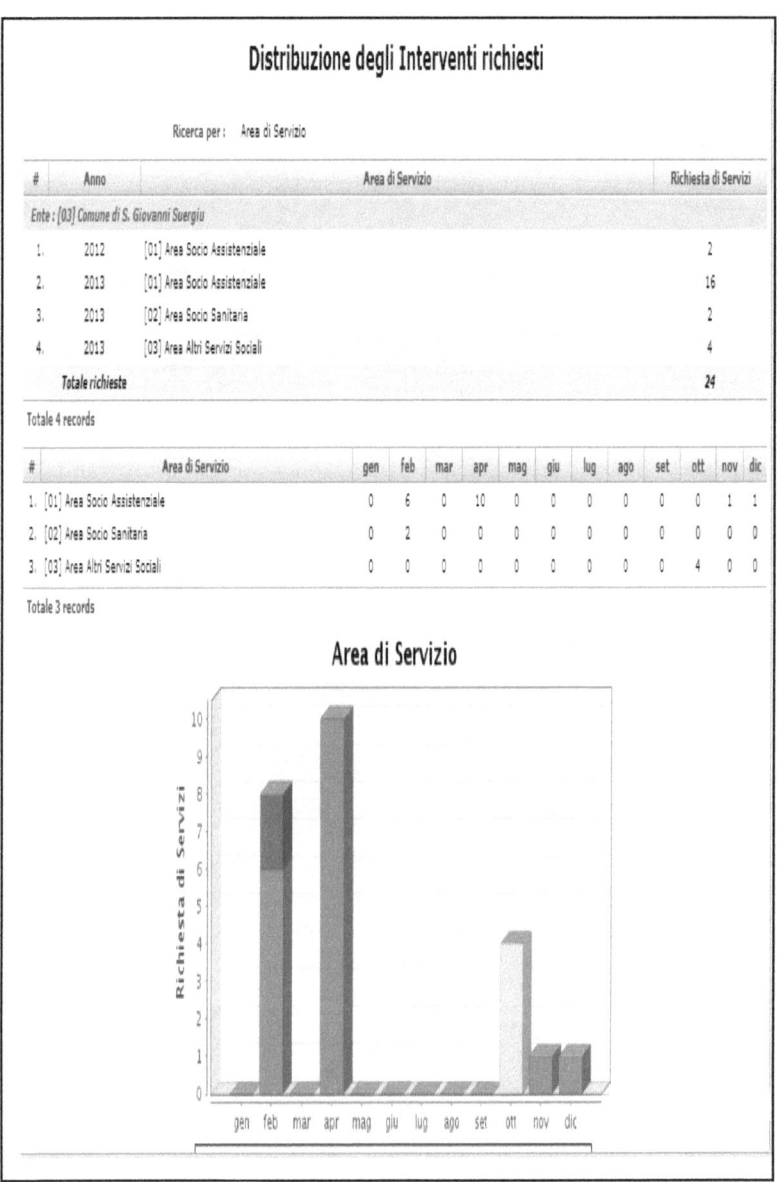

Distribuzione degli Interventi richiesti

Ricerca per : Area di Servizio

#	Anno	Area di Servizio	Richiesta di Servizi
Ente : [03] Comune di S. Giovanni Suergiu			
1.	2012	[01] Area Socio Assistenziale	2
2.	2013	[01] Area Socio Assistenziale	16
3.	2013	[02] Area Socio Sanitaria	2
4.	2013	[03] Area Altri Servizi Sociali	4
	Totale richieste		*24*

Totale 4 records

#	Area di Servizio	gen	feb	mar	apr	mag	giu	lug	ago	set	ott	nov	dic
1.	[01] Area Socio Assistenziale	0	6	0	10	0	0	0	0	0	0	1	1
2.	[02] Area Socio Sanitaria	0	2	0	0	0	0	0	0	0	0	0	0
3.	[03] Area Altri Servizi Sociali	0	0	0	0	0	0	0	0	0	4	0	0

Totale 3 records

Area di Servizio

Tipo di disagio

Distribuzione degli Interventi richiesti

Ricerca per :   Tipo di disagio

#	Anno	Tipo di disagio	Richiesta di Servizi
Ente : [03] Comune di S. Giovanni Suergiu			
1.	2012	[02] Abuso, violenza	1
2.	2012	[03] Socio economico	1
3.	2013	[03] Socio economico	7
4.	2013	[04] Età avanzata	6
5.	2013	[05] Relazionale	1
6.	2013	[06] Socio educativo	3
7.	2013	[07] Non autosufficienza	3
8.	2013	[08] Handicap-non autosufficienza	2
	Totale richieste		*24*

Totale 8 records

#	Tipo di disagio	gen	feb	mar	apr	mag	giu	lug	ago	set	ott	nov	dic
1.	[02] Abuso, violenza	0	0	0	0	0	0	0	0	0	0	0	1
2.	[03] Socio economico	0	3	0	3	0	0	0	0	0	1	1	0
3.	[04] Età avanzata	0	2	0	4	0	0	0	0	0	0	0	0
4.	[05] Relazionale	0	0	0	1	0	0	0	0	0	0	0	0
5.	[06] Socio educativo	0	0	0	0	0	0	0	0	0	3	0	0
6.	[07] Non autosufficienza	0	1	0	2	0	0	0	0	0	0	0	0
7.	[08] Handicap-non autosufficienza	0	2	0	0	0	0	0	0	0	0	0	0

Totale 7 records

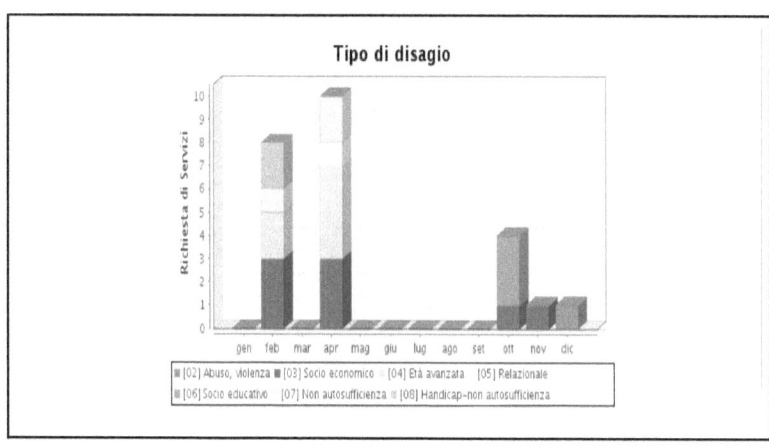

Tipo di disagio

Categoria d'intervento

Distribuzione degli Interventi richiesti

Ricerca per : Categoria d'intervento

#	Anno	Categoria d'intervento	Richiesta di Servizi
		Ente : [03] Comune di S. Giovanni Suergiu	
1.	2012	[A] - ATTIVITA DI SERVIZIO SOCIALE PROFESSIONALE	1
2.	2012	[F.3] - INTEGRAZIONE AL REDDITO	1
3.	2013	[A] - ATTIVITA DI SERVIZIO SOCIALE PROFESSIONALE	1
4.	2013	[B] - INTEGRAZIONE SOCIALE	2
5.	2013	[D] - ASSISTENZA DOMICILIARE	6
6.	2013	[C] - INTERV. E SERV. EDUCATIVO-ASSIST. E PER L'INSERIMENTO LAVORATIVO	3
7.	2013	[E] - SERVIZI DI SUPPORTO	2
8.	2013	[F.1] - CONTRIBUTI ECONOMICI PER L'ATTIVAZIONE DI SERVIZI	3
9.	2013	[F.3] - INTEGRAZIONE AL REDDITO	2
10.	2013	[N] - AZIONI DI SISTEMA E SPESE DI ORGANIZZAZIONE	1
11.	2013	[S] - CONTRIBUTI A ENTI /ASSOCIAZIONI	1
12.	2013	[U] - SPESE PER INTERVENTI VARI	1

Totale 12 records

#	Categoria d'intervento	gen	feb	mar	apr	mag	giu	lug	ago	set	ott	nov	dic
1.	[A] - ATTIVITA DI SERVIZIO SOCIALE PROFESSIONALE	0	0	0	1	0	0	0	0	0	0	0	1
2.	[B] - INTEGRAZIONE SOCIALE	0	1	0	0	0	0	0	0	0	1	0	0
3.	[D] - ASSISTENZA DOMICILIARE	0	3	0	3	0	0	0	0	0	0	0	0
4.	[C] - INTERV. E SERV. EDUCATIVO-ASSIST. E PER L'INSERIMENTO LAVORATIVO	0	2	0	1	0	0	0	0	0	0	0	0
5.	[E] - SERVIZI DI SUPPORTO	0	0	0	2	0	0	0	0	0	0	0	0
6.	[F.1] - CONTRIBUTI ECONOMICI PER L'ATTIVAZIONE DI SERVIZI	0	1	0	2	0	0	0	0	0	0	0	0
7.	[F.3] - INTEGRAZIONE AL REDDITO	0	1	0	1	0	0	0	0	0	1	0	0
8.	[N] - AZIONI DI SISTEMA E SPESE DI ORGANIZZAZIONE	0	0	0	0	0	0	0	0	0	1	0	0
9.	[S] - CONTRIBUTI A ENTI /ASSOCIAZIONI	0	0	0	0	0	0	0	0	0	1	0	0
10.	[U] - SPESE PER INTERVENTI VARI	0	0	0	0	0	0	0	0	0	1	0	0

Totale 10 records

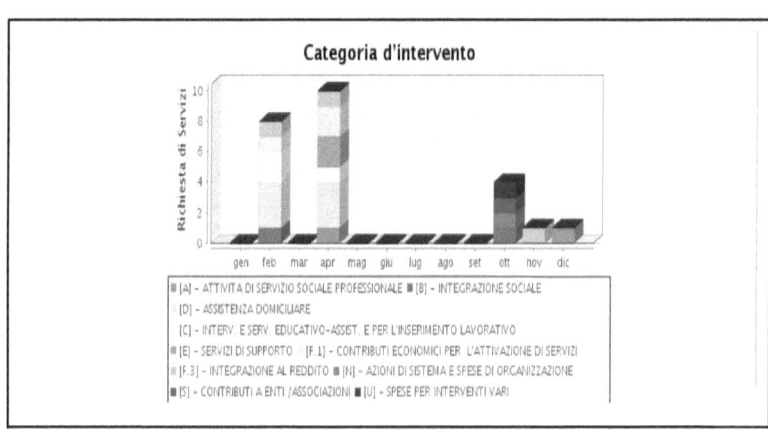

Categoria d'intervento

[A] - ATTIVITA DI SERVIZIO SOCIALE PROFESSIONALE   [B] - INTEGRAZIONE SOCIALE
[D] - ASSISTENZA DOMICILIARE
[C] - INTERV. E SERV. EDUCATIVO-ASSIST. E PER L'INSERIMENTO LAVORATIVO
[E] - SERVIZI DI SUPPORTO   [F.1] - CONTRIBUTI ECONOMICI PER L'ATTIVAZIONE DI SERVIZI
[F.3] - INTEGRAZIONE AL REDDITO   [N] - AZIONI DI SISTEMA E SPESE DI ORGANIZZAZIONE
[S] - CONTRIBUTI A ENTI /ASSOCIAZIONI   [U] - SPESE PER INTERVENTI VARI

Settore d'Intervento

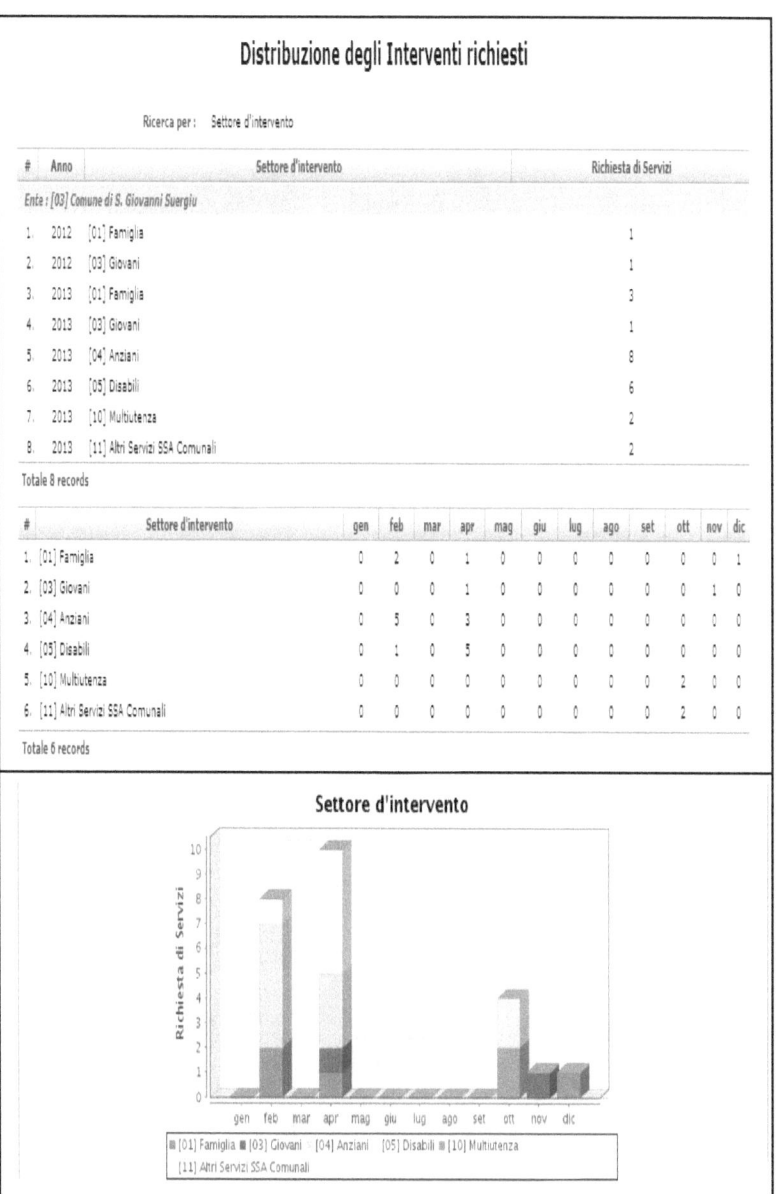

Distribuzione degli Interventi richiesti

Ricerca per : Settore d'intervento

#	Anno	Settore d'intervento	Richiesta di Servizi
Ente : [03] Comune di S. Giovanni Suergiu			
1.	2012	[01] Famiglia	1
2.	2012	[03] Giovani	1
3.	2013	[01] Famiglia	3
4.	2013	[03] Giovani	1
5.	2013	[04] Anziani	8
6.	2013	[05] Disabili	6
7.	2013	[10] Multiutenza	2
8.	2013	[11] Altri Servizi SSA Comunali	2

Totale 8 records

#	Settore d'intervento	gen	feb	mar	apr	mag	giu	lug	ago	set	ott	nov	dic
1.	[01] Famiglia	0	2	0	1	0	0	0	0	0	0	0	1
2.	[03] Giovani	0	0	0	1	0	0	0	0	0	0	1	0
3.	[04] Anziani	0	5	0	3	0	0	0	0	0	0	0	0
4.	[05] Disabili	0	1	0	5	0	0	0	0	0	0	0	0
5.	[10] Multiutenza	0	0	0	0	0	0	0	0	0	2	0	0
6.	[11] Altri Servizi SSA Comunali	0	0	0	0	0	0	0	0	0	2	0	0

Totale 6 records

Statistiche per area e intervento

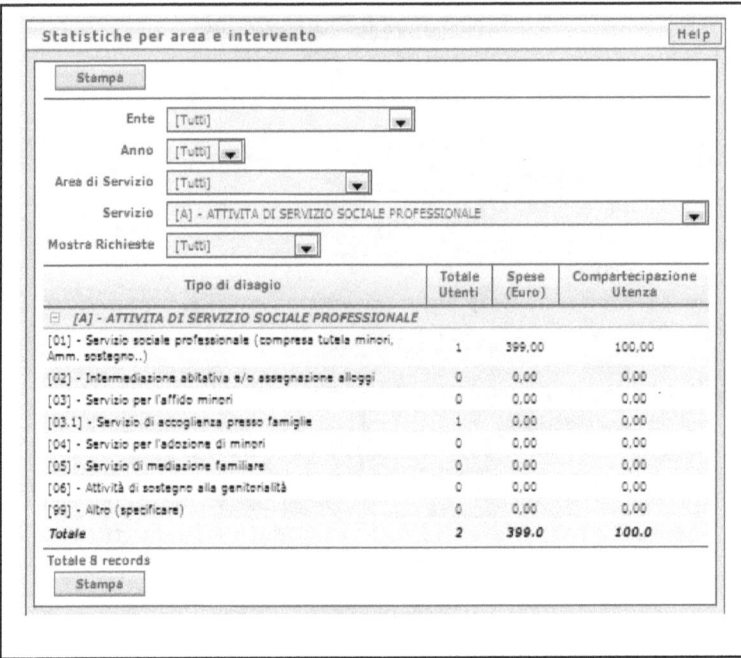

Selezionando il tipo di servizio otteniamo i il numero degli utenti, la soesa e la comartecipazione utenti.

Possiamo anche selezionare una stampa complessiva.

Statistiche

#	Tipo di disagio	Totale Utenti	Spese (Euro)	Compartecipazione Utenti
[A] - ATTIVITA DI SERVIZIO SOCIALE PROFESSIONALE				
1.	[01] - Servizio sociale professionale (compresa tutela minori, Amm. sostegno..)	1	399.00	100.00
2.	[02] - Intermediazione abitativa e/o assegnazione alloggi	0	0.00	0.00
3.	[03] - Servizio per l'affido minori	0	0.00	0.00
4.	[03.1] - Servizio di accoglienza presso famiglie	1	0.00	0.00
5.	[04] - Servizio per l'adozione di minori	0	0.00	0.00
6.	[05] - Servizio di mediazione familiare	0	0.00	0.00
7.	[06] - Attività di sostegno alla genitorialità	0	0.00	0.00
8.	[99] - Altro (specificare)	0	0.00	0.00
	Totale	*2*	*399.0*	*100.0*
[B] - INTEGRAZIONE SOCIALE				
9.	[01] - Interventi per l'integrazione sociale dei soggetti deboli o a rischio	1	0.00	0.00
10.	[02] - Attività ricreative sociali , culturali (inclusi soggiorni climatici o termali)	0	0.00	0.00
11.	[03] - Servizi di mediazione culturale	1	0.00	0.00
12.	[04] - Servizi di residenza anagrafica per persone senza fissa dimora	0	0.00	0.00
13.	[99] - Altro (specificare)	0	0.00	0.00
	Totale	*2*	*0.0*	*0.0*
[C] - INTERV. E SERV. EDUCATIVO-ASSIST. E PER L'INSERIMENTO LAVORATIVO				
14.	[01] - Sostegno socio educativo scolastico	2	0.00	0.00
15.	[02] - Sostegno socio educativo territoriale	0	0.00	0.00
16.	[03] - Sostegno all'inserimento lavorativo	1	0.00	0.00
17.	[04] - Interventi per persone con disagio mentale	0	0.00	0.00
18.	[06] - Interventi per persona senza fissa dimora	0	0.00	0.00
19.	[07] - Interventi per tutte le altre capegorie di disagio adulti.	0	0.00	0.00
20.	[99] - Altro (specificare)	0	0.00	0.00
	Totale	*3*	*0.0*	*0.0*
[D] - ASSISTENZA DOMICILIARE				
21.	[01] - Assistenza domiciliare socio assistenziale	4	5.400.00	0.00

Area socio assistenziale

Statistiche

Area di Servizio   [01] Area Socio Assistenziale

#	Tipo di disagio	Totale Utenti	Spese (Euro)	Compartecipazione Utenti
[A] - ATTIVITA DI SERVIZIO SOCIALE PROFESSIONALE				
1.	[01] - Servizio sociale professionale (compresa tutela minori, Amm. sostegno..)	1	399,00	100,00
2.	[02] - Intermediazione abitativa e/o assegnazione alloggi	0	0,00	0,00
3.	[03] - Servizio per l'affido minori	0	0,00	0,00
4.	[03.1] - Servizio di accoglienza presso famiglie	1	0,00	0,00
5.	[04] - Servizio per l'adozione di minori	0	0,00	0,00
6.	[05] - Servizio di mediazione familiare	0	0,00	0,00
7.	[06] - Attività di sostegno alla genitorialità	0	0,00	0,00
8.	[99] - Altro (specificare)	0	0,00	0,00
	Totale	*2*	*399.0*	*100.0*
[B] - INTEGRAZIONE SOCIALE				
9.	[01] - Interventi per l'integrazione sociale dei soggetti deboli o a rischio	1	0,00	0,00
10.	[02] - Attività ricreative sociali , culturali (inclusi soggiorni climatici o termali)	0	0,00	0,00
11.	[03] - Servizi di mediazione culturale	0	0,00	0,00
12.	[04] - Servizi di residenza anagrafica per persone senza fissa dimora	0	0,00	0,00
13.	[99] - Altro (specificare)	0	0,00	0,00
	Totale	*1*	*0.0*	*0.0*
[C] - INTERV. E SERV. EDUCATIVO-ASSIST. E PER L'INSERIMENTO LAVORATIVO				
14.	[01] - Sostegno socio educativo scolastico	2	0,00	0,00
15.	[02] - Sostegno socio educativo territoriale	0	0,00	0,00
16.	[03] - Sostegno all'inserimento lavorativo	1	0,00	0,00
17.	[04] - Interventi per persone con disagio mentale	0	0,00	0,00
18.	[06] - Interventi per persona senza fissa dimora	0	0,00	0,00
19.	[07] - Interventi per tutte le altre capegorie di disagio adulti.	0	0,00	0,00
20.	[99] - Altro (specificare)	0	0,00	0,00
	Totale	*3*	*0.0*	*0.0*

Area Socio Sanitaria

Statistiche

Area di Servizio [02] Area Socio Sanitaria

#	Tipo di disagio	Totale Utenti	Spese (Euro)	Compartecipazione Utenti
[A] - ATTIVITA DI SERVIZIO SOCIALE PROFESSIONALE				
1.	[01] - Servizio sociale professionale (compresa tutela minori, Amm. sostegno..)	0	0,00	0,00
2.	[02] - Intermediazione abitativa e/o assegnazione alloggi	0	0,00	0,00
3.	[03] - Servizio per l'affido minori	0	0,00	0,00
4.	[03.1] - Servizio di accoglienza presso famiglie	0	0,00	0,00
5.	[04] - Servizio per l'adozione di minori	0	0,00	0,00
6.	[05] - Servizio di mediazione familiare	0	0,00	0,00
7.	[06] - Attività di sostegno alla genitorialità	0	0,00	0,00
8.	[99] - Altro (specificare)	0	0,00	0,00
	Totale	**0**	**0.0**	**0.0**
[B] - INTEGRAZIONE SOCIALE				
9.	[01] - Interventi per l'integrazione sociale dei soggetti deboli o a rischio	0	0,00	0,00
10.	[02] - Attività ricreative sociali , culturali (inclusi soggiorni climatici o termali)	0	0,00	0,00
11.	[03] - Servizi di mediazione culturale	0	0,00	0,00
12.	[04] - Servizi di residenza anagrafica per persone senza fissa dimora	0	0,00	0,00
13.	[99] - Altro (specificare)	0	0,00	0,00
	Totale	**0**	**0.0**	**0.0**
[C] - INTERV. E SERV. EDUCATIVO-ASSIST. E PER L'INSERIMENTO LAVORATIVO				
14.	[01] - Sostegno socio educativo scolastico	0	0,00	0,00
15.	[02] - Sostegno socio educativo territoriale	0	0,00	0,00
16.	[03] - Sostegno all'inserimento lavorativo	0	0,00	0,00
17.	[04] - Interventi per persone con disagio mentale	0	0,00	0,00
18.	[06] - Interventi per persona senza fissa dimora	0	0,00	0,00
19.	[07] - Interventi per tutte le altre capegorie di disagio adulti.	0	0,00	0,00
20.	[99] - Altro (specificare)	0	0,00	0,00
	Totale	**0**	**0.0**	**0.0**

(non ci sono dati)

Altri servizi sociali

Statistiche

Area di Servizio   [03] Area Altri Servizi Sociali

#	Tipo di disagio	Totale Utenti	Spese (Euro)	Compartecipazione Utenti
[A] - ATTIVITA DI SERVIZIO SOCIALE PROFESSIONALE				
1.	[01] - Servizio sociale professionale (compresa tutela minori, Amm. sostegno..)	0	0,00	0,00
2.	[02] - Intermediazione abitativa e/o assegnazione alloggi	0	0,00	0,00
3.	[03] - Servizio per l'affido minori	0	0,00	0,00
4.	[03.1] - Servizio di accoglienza presso famiglie	0	0,00	0,00
5.	[04] - Servizio per l'adozione di minori	0	0,00	0,00
6.	[05] - Servizio di mediazione familiare	0	0,00	0,00
7.	[06] - Attività di sostegno alla genitorialità	0	0,00	0,00
8.	[99] - Altro (specificare)	0	0,00	0,00
	Totale	*0*	*0,0*	*0,0*
[B] - INTEGRAZIONE SOCIALE				
9.	[01] - Interventi per l'integrazione sociale dei soggetti deboli o a rischio	0	0,00	0,00
10.	[02] - Attività ricreative sociali , culturali (inclusi soggiorni climatici o termali)	0	0,00	0,00
11.	[03] - Servizi di mediazione culturale	1	0,00	0,00
12.	[04] - Servizi di residenza anagrafica per persone senza fissa dimora	0	0,00	0,00
13.	[99] - Altro (specificare)	0	0,00	0,00
	Totale	*1*	*0,0*	*0,0*
[C] - INTERV. E SERV. EDUCATIVO-ASSIST. E PER L'INSERIMENTO LAVORATIVO				
14.	[01] - Sostegno socio educativo scolastico	0	0,00	0,00
15.	[02] - Sostegno socio educativo territoriale	0	0,00	0,00
16.	[03] - Sostegno all'inserimento lavorativo	0	0,00	0,00
17.	[04] - Interventi per persone con disagio mentale	0	0,00	0,00
18.	[06] - Interventi per persona senza fissa dimora	0	0,00	0,00
19.	[07] - Interventi per tutte le altre capegorie di disagio adulti.	0	0,00	0,00
20.	[99] - Altro (specificare)	0	0,00	0,00
	Totale	*0*	*0,0*	*0,0*
[D] - ASSISTENZA DOMICILIARE				

Utenti, Servizi,Risorse e Costi

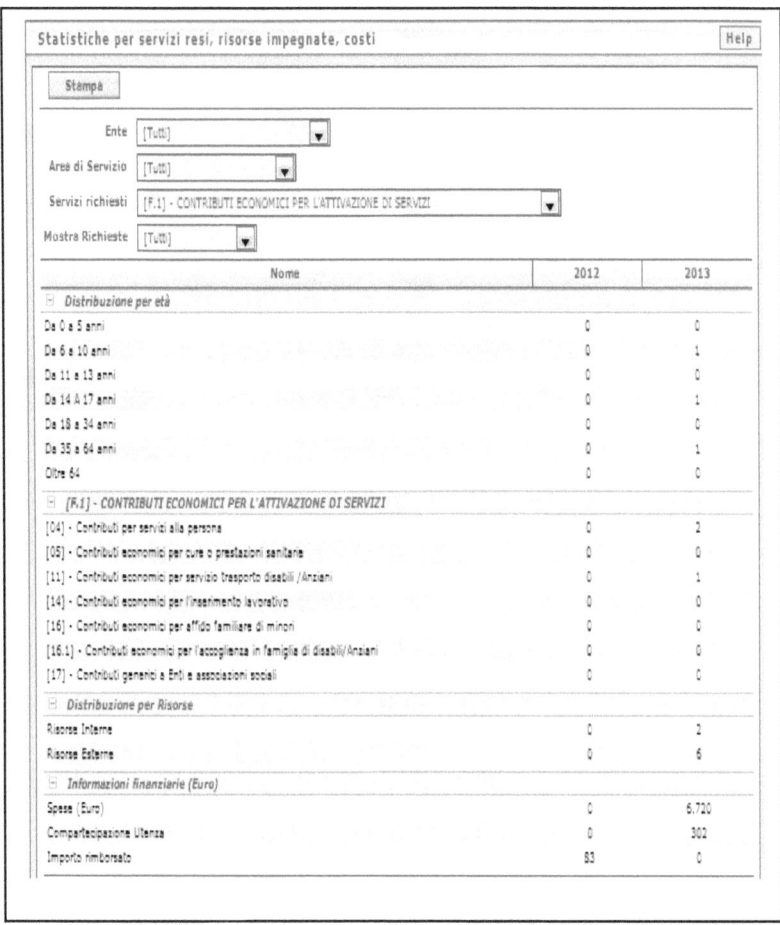

Selezionando il Servizio, otteniamo la tipologia di utenti per età, i servizi resi, le risorse impegnate, i costi sostenuti

Servizi erogati, per tipologia

Area socio assistenziale

Statistiche

Anno   2013

Servizio   [D] - ASSISTENZA DOMICILIARE

Area di Servizio   [01] Area Socio Assistenziale

#	Nome	Richiesta di Servizi
[D] - ASSISTENZA DOMICILIARE		
1.	[01] - Assistenza domiciliare socio assistenziale	4
2.	[02] - Assistenza domiciliare integrata con servizi sanitari	0
3.	[03] - Servizi di prossimità (buon vicinato)	1
4.	[04] - Telesoccorso e Teleassistenza	0
5.	[05] - Voucher, assegno di cura, buono sanitario	0
6.	[06] - Distribuzione pasti e/o lavanderia a domicilio	0
7.	[99] - Altro (specificare)	0

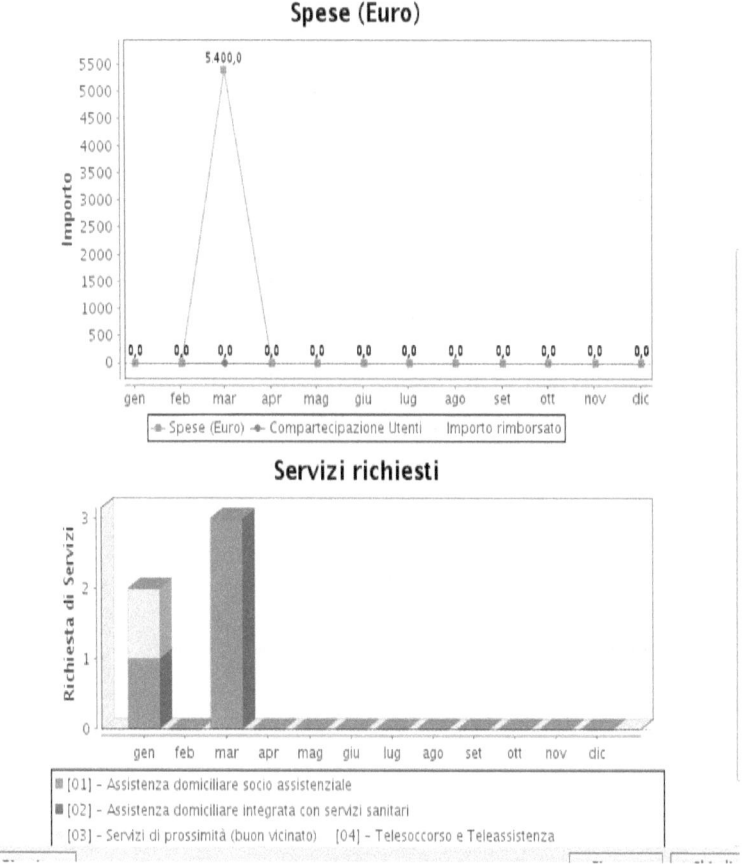

Spese (Euro)

5.400,0

Importo

0,0 0,0 0,0 0,0 0,0 0,0 0,0 0,0 0,0 0,0 0,0 0,0

gen feb mar apr mag giu lug ago set ott nov dic

— Spese (Euro) — Compartecipazione Utenti   Importo rimborsato

Servizi richiesti

Richiesta di Servizi

gen feb mar apr mag giu lug ago set ott nov dic

■ [01] – Assistenza domiciliare socio assistenziale
■ [02] – Assistenza domiciliare integrata con servizi sanitari
  [03] – Servizi di prossimità (buon vicinato)   [04] – Telesoccorso e Teleassistenza

Area socio assistenziale

Statistiche

Anno   2013

Servizio   [D] - ASSISTENZA DOMICILIARE

Area di Servizio   [02] Area Socio Sanitaria

#	Nome	Richiesta di Servizi
[D] - ASSISTENZA DOMICILIARE		
1.	[01] - Assistenza domiciliare socio assistenziale	0
2.	[02] - Assistenza domiciliare integrata con servizi sanitari	1
3.	[03] - Servizi di prossimità (buon vicinato)	0
4.	[04] - Telesoccorso e Teleassistenza	0
5.	[05] - Voucher, assegno di cura, buono sanitario	0
6.	[06] - Distribuzione pasti e/o lavanderia a domicilio	0
7.	[99] - Altro (specificare)	0

Spese (Euro)

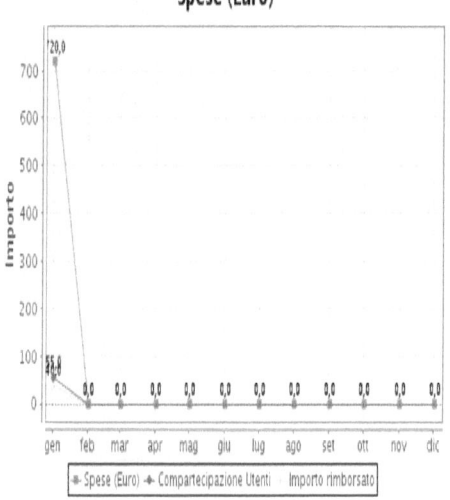

I

Interventi di settore per Comune

Per ogni area di servizio otteniamo gli interventi per settore, il costo e la compartecipazione utente

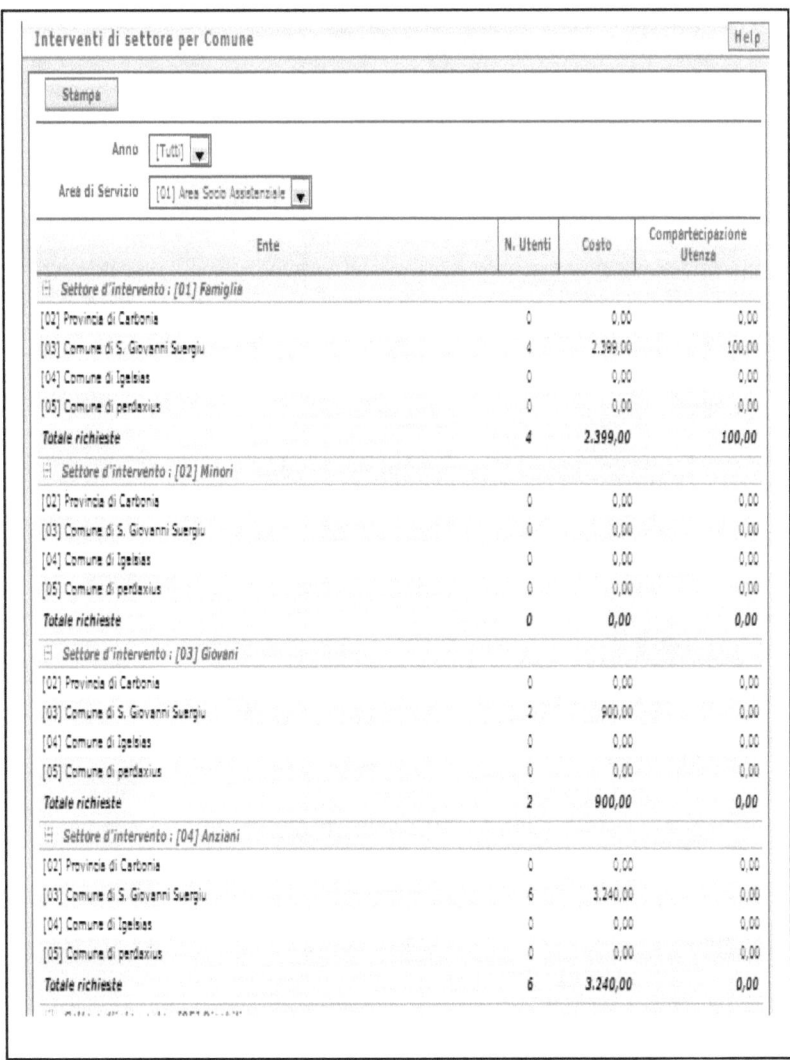

Selezionando l'area Progetti/Servizi, otteniamo la tipologia di intervento di ogni singolo comune

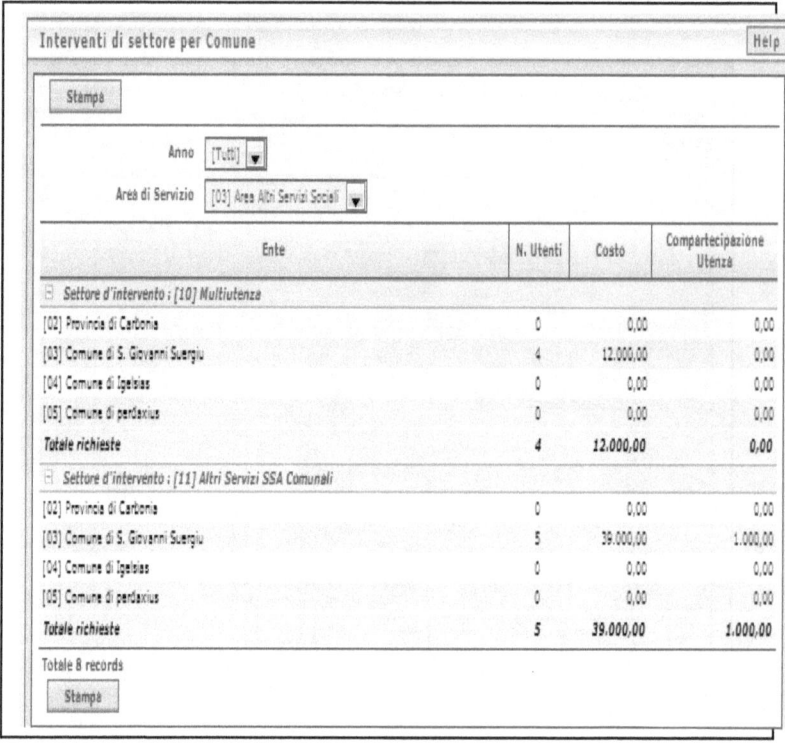

Ente	N. Utenti	Costo	Compartecipazione Utenza
Settore d'intervento : [10] Multiutenza			
[02] Provincia di Carbonia	0	0,00	0,00
[03] Comune di S. Giovanni Suergiu	4	12.000,00	0,00
[04] Comune di Igelsias	0	0,00	0,00
[05] Comune di perdaxius	0	0,00	0,00
Totale richieste	4	12.000,00	0,00
Settore d'intervento : [11] Altri Servizi SSA Comunali			
[02] Provincia di Carbonia	0	0,00	0,00
[03] Comune di S. Giovanni Suergiu	5	39.000,00	1.000,00
[04] Comune di Igelsias	0	0,00	0,00
[05] Comune di perdaxius	0	0,00	0,00
Totale richieste	5	39.000,00	1.000,00

Interventi di settore per Comune   Help

Stampa

Anno [Tutti]
Area di Servizio [03] Area Altri Servizi Sociali

Totale 8 records

Stampa

La stampa selettiva per area

(Tabella comparativa dei servizi resi)

Statistiche

#	Ente	N. Utenti	Costo	Compartecipazione Utenti
Area di Servizio : [01] Area Socio Assistenziale -> Settore d'intervento : [01] Famiglia				
1.	[02] Provincia di Carbonia	0	0.00	0.00
2.	[03] Comune di S. Giovanni Suergiu	4	399.00	100.00
3.	[04] Comune di Cortoghiana	0	0.00	0.00
4.	[05] Comune di Perdaxius	0	0.00	0.00
	Totale richieste	*4*	*399,00*	*100,00*
Area di Servizio : [01] Area Socio Assistenziale -> Settore d'intervento : [02] Minori				
5.	[02] Provincia di Carbonia	0	0.00	0.00
6.	[03] Comune di S. Giovanni Suergiu	0	0.00	0.00
7.	[04] Comune di Cortoghiana	0	0.00	0.00
8.	[05] Comune di Perdaxius	0	0.00	0.00
	Totale richieste	*0*	*0,00*	*0,00*
Area di Servizio : [01] Area Socio Assistenziale -> Settore d'intervento : [03] Giovani				
9.	[02] Provincia di Carbonia	0	0.00	0.00
10.	[03] Comune di S. Giovanni Suergiu	2	900.00	0.00
11.	[04] Comune di Cortoghiana	0	0.00	0.00
12.	[05] Comune di Perdaxius	0	0.00	0.00
	Totale richieste	*2*	*900,00*	*0,00*
Area di Servizio : [01] Area Socio Assistenziale -> Settore d'intervento : [04] Anziani				
13.	[02] Provincia di Carbonia	0	0.00	0.00
14.	[03] Comune di S. Giovanni Suergiu	6	3.240.00	0.00
15.	[04] Comune di Cortoghiana	0	0.00	0.00
16.	[05] Comune di Perdaxius	0	0.00	0.00
	Totale richieste	*6*	*3.240,00*	*0,00*
Area di Servizio : [01] Area Socio Assistenziale -> Settore d'intervento : [05] Disabili				
17.	[02] Provincia di Carbonia	0	0.00	0.00
18.	[03] Comune di S. Giovanni Suergiu	6	4.560.00	0.00
19.	[04] Comune di Cortoghiana	0	0.00	0.00

Il Report ISTAT

Report ISTAT

[01] Famiglia

#	Servizi e Interventi	Pres.servizio	N. Utenti	Costo	%Spesa Gestita Direttamente	Compartecipazione Utenti	Compart. SSN	Controllo Situazione Economica
[A] - ATTIVITA DI SERVIZIO SOCIALE PROFESSIONALE								
1.	[01] - Servizio sociale professionale (compresa tutela minori, Amm. sostegno..)	Si	1	399,00	74,94	100,00	0,00	Si
2.	[02] - Intermediazione abitativa e/o assegnazione alloggi	Si	0	0,00	0,0	0,00	0,00	Si
3.	[03] - Servizio per l'affido minori	Si	0	0,00	0,0	0,00	0,00	Si
4.	[03.1] - Servizio di accoglienza presso famiglie	No	0	0,00	0,0	0,00	0,00	
5.	[04] - Servizio per l'adozione di minori	Si	0	0,00	0,0	0,00	0,00	
6.	[05] - Servizio di mediazione familiare	Si	0	0,00	0,0	0,00	0,00	
7.	[06] - Attività di sostegno alla genitorialità	Si	0	0,00	0,0	0,00	0,00	
8.	[99] - Altro (specificare)	No	0	0,00	0,0	0,00	0,00	Si
[B] - INTEGRAZIONE SOCIALE								
9.	[01] - Interventi per l'integrazione sociale dei soggetti deboli o a rischio	Si	0	0,00	0,0	0,00	0,00	Si
10.	[02] - Attività ricreative sociali , culturali (inclusi soggiorni climatici o termali)	Si	0	0,00	0,0	0,00	0,00	Si

Report ISTAT

#	Servizi e Interventi	Pres.servizio	N. Utenti	Costo	%Spesa Gestita Direttamente	Compartecipazione Utenti	Compart. SSN	Controllo Situazione Economica
[A] - ATTIVITA DI SERVIZIO SOCIALE PROFESSIONALE								
1.	[01] - Servizio sociale professionale (compresa tutela minori, Amm. sostegno..)	Si	1	399.00	74.94	100.00	0.00	Si
2.	[02] - Intermediazione abitativa e/o assegnazione alloggi	Si	0	0.00	0.0	0.00	0.00	Si
3.	[03] - Servizio per l'affido minori	Si	0	0.00	0.0	0.00	0.00	Si
4.	[03.1] - Servizio di accoglienza presso famiglie	No	0	0.00	0.0	0.00	0.00	
5.	[04] - Servizio per l'adozione di minori	Si	0	0.00	0.0	0.00	0.00	
6.	[05] - Servizio di mediazione familiare	Si	0	0.00	0.0	0.00	0.00	
7.	[06] - Attività di sostegno alla genitorialità	Si	0	0.00	0.0	0.00	0.00	
8.	[99] - Altro (specificare)	No	0	0.00	0.0	0.00	0.00	Si
[B] - INTEGRAZIONE SOCIALE								
9.	[01] - Interventi per l'integrazione sociale dei soggetti deboli o a rischio	Si	0	0.00	0.0	0.00	0.00	Si
10.	[02] - Attività ricreative sociali , culturali (inclusi soggiorni climatici o termali)	Si	0	0.00	0.0	0.00	0.00	Si

Report sulle Risorse finanziarie

(trasferimento da altri enti)

Report. Risorse finanziarie

Ente   Comune di S. Giovanni Suergiu

#	Fonti finanziarie	% sul Totale
2012		
1.	Fondo indistinto per le politiche sociali	200.000,00 / 87 %
2.	Trasferimento da Comuni	20.000,00 / 8,7 %
3.	Trasferimento da fondi privati	10.000,00 / 4,3 %
	Totale	**230.000,00**

Totale 3 records

Trasferimenti ad altri Enti

Report- Trasferimenti ad altri Enti

Ente   Comune di S. Giovanni Suergiu

#	Trasferimenti ad altri enti	% sul Totale
2012		
1.	Associazione xxx	13.000,00 / 55,6 %
2.	Comune di xxx yyy	399,00 / 1,7 %
3.	Cooprativa CYZ	10.000,00 / 42,7 %
	Totale	*23.399,00*
2013		
4.	Cooperativa xyz	12.000,00 / 80 %
5.	Unione Comuni di bbbb	3.000,00 / 20 %
	Totale	*15.000,00*

Totale 5 records

GESTIONE DEL SISTEMA

- Utente
- Generale
- Report statistici
- Sistema

ACCOUNT UTENTI

Inserimento

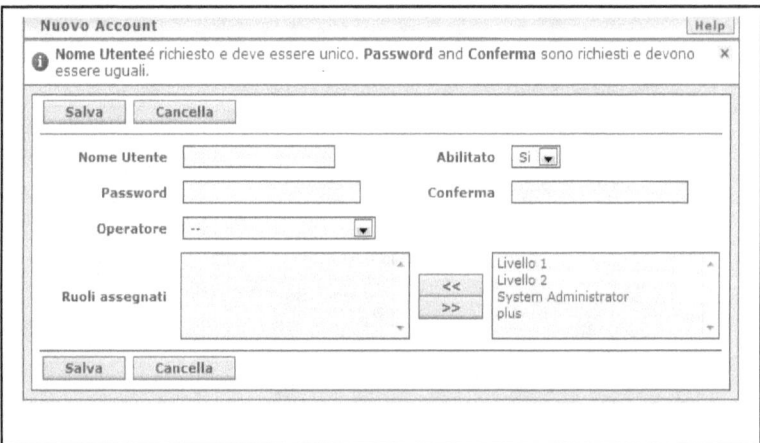

130

Elenco ruoli

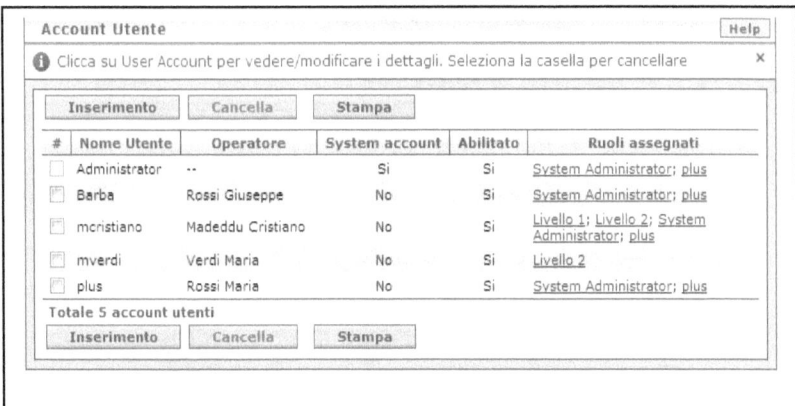

La pagina consente di visualizzare la login degli utenti inseriti, di confermare l'avvenuta autorizzazione e il ruolo assegnato.

Per cancellare il nome dell'utente, selezionare il quadratino a sinistra del nome e premere il tasto "cancella".

Selezionando il nominativo del dipendente, si accede alla pagina di dettaglio dove sono indicati il nome utente e il ruolo assegnato.

Da questa pagina è possibile selezionare il tasto "modifica" per modificare i dati inseriti ed è possibile riassegnare una nuova password.

Selezionando il ruolo assegnato è possibile accedere ai "ruoli di sicurezza" assegnati ai varu utenti e premendo il tasto "autorizzazioni" è possibile assegnare glli accessi all'utente.

I Ruoli

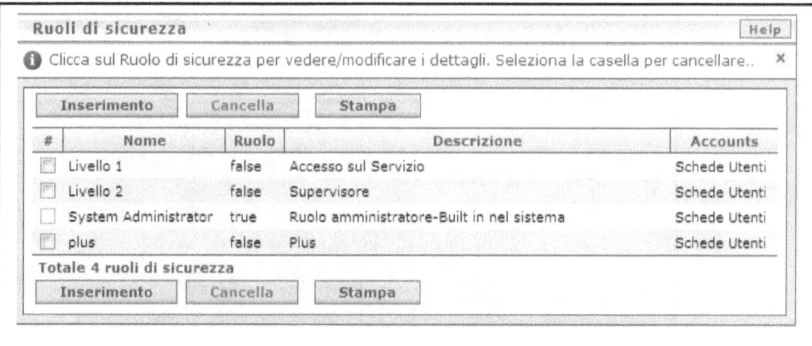

Il Ruolo raggruppa gli operatori che hanno le stesse caratteristiche sotto il profilo della collocazione organizzativa.
Ad ogni Ruolo viene consentito l'accesso a specifici programmi.
Ad ogni operatore verrà assegnato un ruolo che gli consentirà l'accesso a specifici programmi (o a tutti).

E' prevedibile che ogni operatore possa accedere al file del proprio ente e che pertanto non sia necessario creare numerosi ruoli.
Al ruolo di Amministratore sarà delegato l'accesso al sistema, per le modifiche necessarie al vocabolario di sistema, alla definizione degli accessi etc.

Assegnazione degli accessi al ruolo

Premendo il Ruolo, si visualizza la pagina di dettaglio, che fornisce il nome del ruolo, la descrizione (se inserita), e il nome degli accessi a cui il ruolo è stato assegnato.
Viene anche elencato il tipo di permessi di accesso.

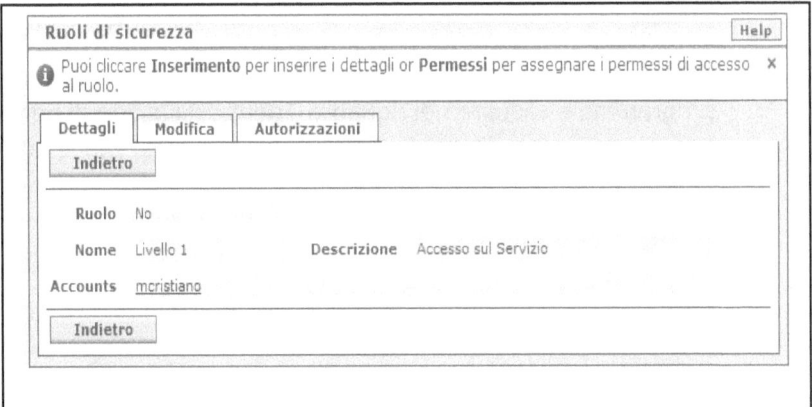

Per autorizzare gli accessi al ruolo, premere il tasto "autorizzazioni"

Ad ogni ruolo sono assegnati gli accessi

Aggiornamento permessi di accesso
Per aggiornare i permessi di accesso premere il tasto "Autorizzazioni""
Apparirà l'elenco dei programmi (albero delle risorse) e il tipo di permesso assegnato a ciascuno..
Per ogni programma che si voglia assegnare al ruolo, selezionare il nome del programma e indicare con un clik il tipo di permesso accordato (visualizza, elenca,dettagli, modifica,aggiungi,inserisci, cancella). Selezionare il nome del programma e cliccare nel riquadro "permessi" il tipo di permesso (visualizza, elenca,dettagli,aggiungi, Inserimento, cancella)

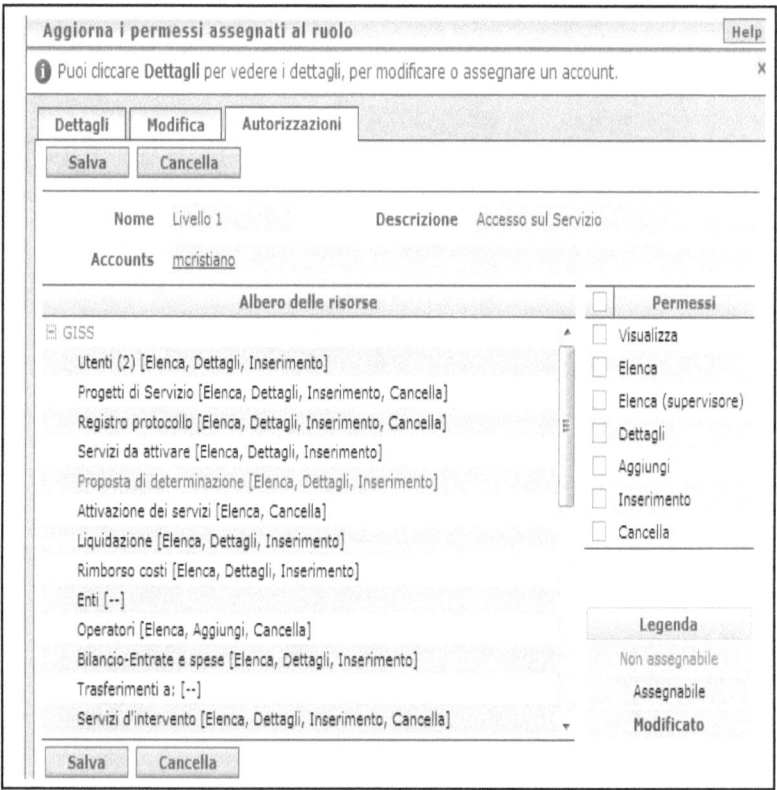

IL VOCABOLARIO

Il vocabolario consente all'utente l'inserimento e la modifica delle voci inserite.

Tutte le tabelle del dizionario possono essere modificate e aggunte in relazione alle necessità.

Note: Se un dato è stato è già utilizzato nel sistema, esso non potrà essere cancellato. Sarà possibile in questo caso aggiungere un dato in sostituzione del precedente.

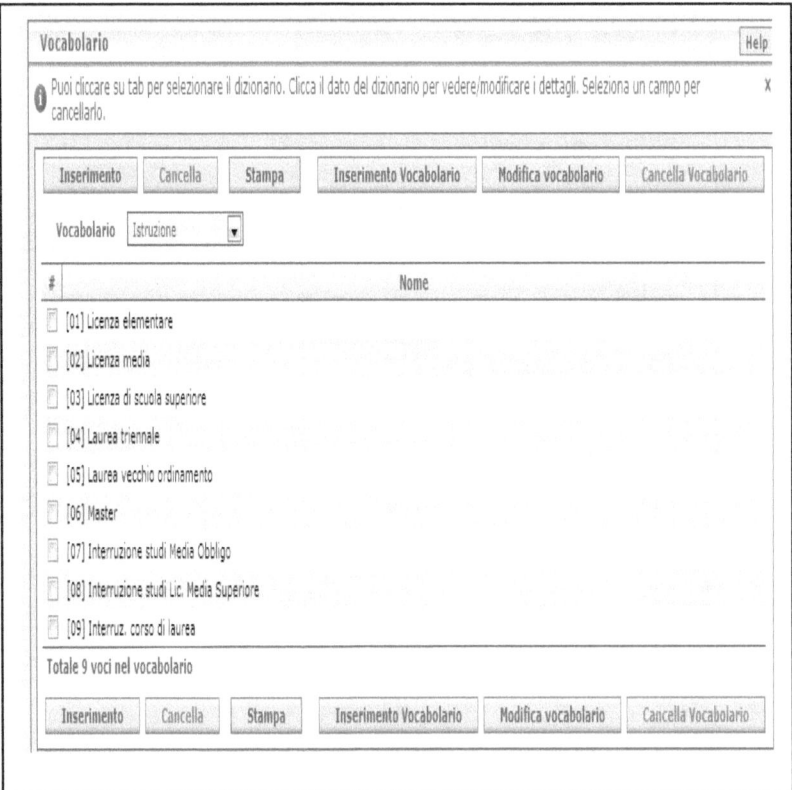

Selezionate la voce nella finestra del vocabolario, per ottenere l'elenco delle voci inserite sulla stessa, come illustrato nella maschera.

Per ogni voce del dizionario, possiamo stampare l'elenco delle voci inserite. L'utente potrà modificare o aggiungere nuove voci.

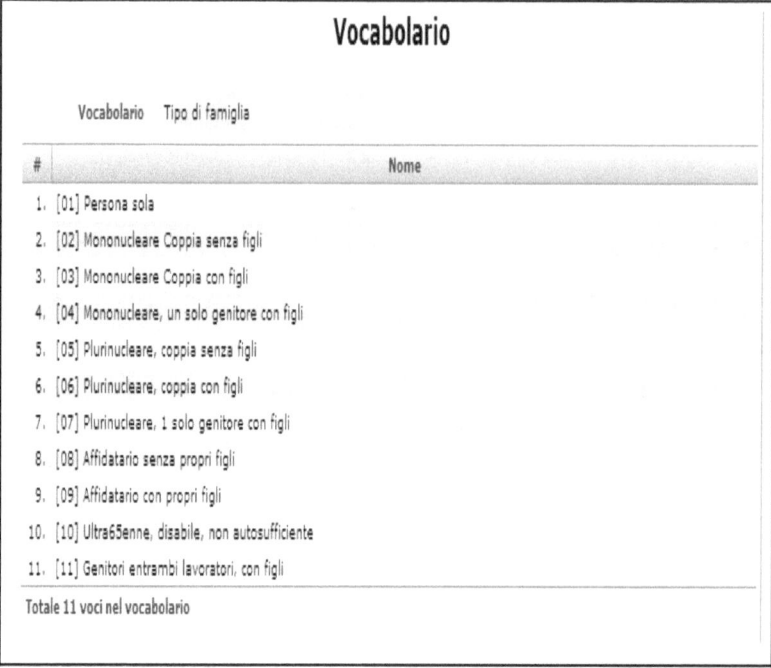

Vocabolario

Vocabolario   Tipo di famiglia

#	Nome
1.	[01] Persona sola
2.	[02] Mononucleare Coppia senza figli
3.	[03] Mononucleare Coppia con figli
4.	[04] Mononucleare, un solo genitore con figli
5.	[05] Plurinucleare, coppia senza figli
6.	[06] Plurinucleare, coppia con figli
7.	[07] Plurinucleare, 1 solo genitore con figli
8.	[08] Affidatario senza propri figli
9.	[09] Affidatario con propri figli
10.	[10] Ultra65enne, disabile, non autosufficiente
11.	[11] Genitori entrambi lavoratori, con figli

Totale 11 voci nel vocabolario

LA TABELLA DI CONTRIBUZIONE UTENTE

La tabella indica la percentuale di contribuzione utente in relazione al suo reddito.
In relazione alla retribuzione utente, nel caso di servizi resi, il sistema calcola la percentuale di compartecipazione dovuta.

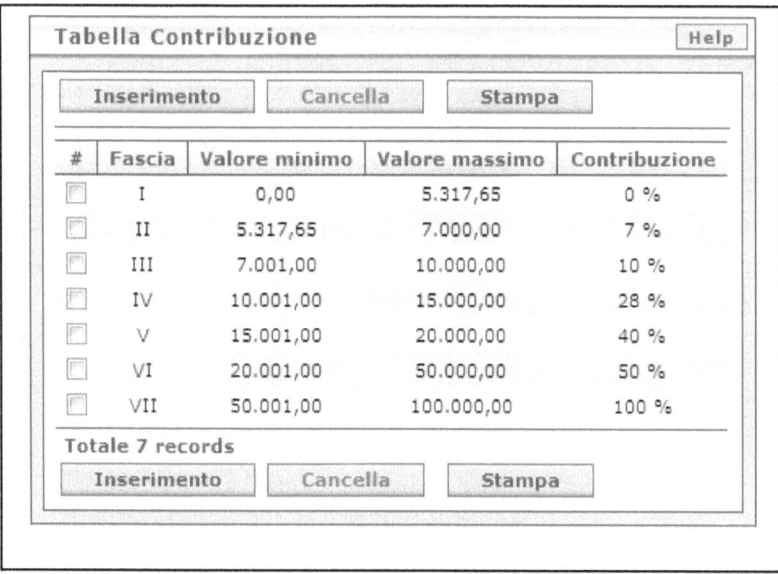

L'utente può modificare i valori della tabella in relazione alle disposizioni dell'Ente.

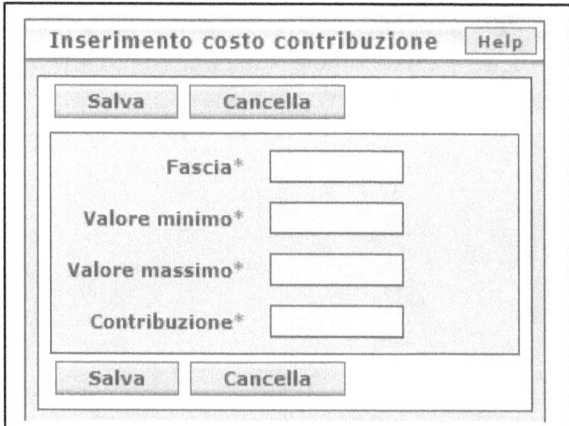

Servizi d'Intervento

#	Codice Cat.	Nome
1.	A	ATTIVITA DI SERVIZIO SOCIALE PROFESSIONALE
2.	B	INTEGRAZIONE SOCIALE
3.	C	INTERV. E SERV. EDUCATIVO-ASSIST. E PER L'INSERIMENTO LAVORATIVO
4.	D	ASSISTENZA DOMICILIARE
5.	E	SERVIZI DI SUPPORTO
6.	F.1	CONTRIBUTI ECONOMICI PER L'ATTIVAZIONE DI SERVIZI
7.	F.2	CONTRIBUTI, SUSSIDI, INTEGRAZ.E PAGAMENTO RETTE PER STRUTTURE
8.	F.3	INTEGRAZIONE AL REDDITO
9.	G	CENTRI E STRUTTURE SEMI-RESIDENZIALI (A CICLO DIURNO)
10.	H	STRUTTURE COMUNITARIE E RESIDENZIALI
11.	I	PRONTO INTERVENTO SOCIALE (UNITA' DI STRADA)
12.	L	SEGRETARIATO SOCIALE- INFORM. E CONSUL. PER L'ACCESSO ALLA RETE SERVIZI
13.	M	PREVENZIONE E SENSIBILIZZAZIONE
14.	N	AZIONI DI SISTEMA E SPESE DI ORGANIZZAZIONE
15.	Q	BONUS E ASSEGNI
16.	R	SPESE PER L'ISTRUZIONE E IL DIRITTO ALLO STUDIO
17.	S	CONTRIBUTI A ENTI /ASSOCIAZIONI
18.	T	RMI
19.	U	SPESE PER INTERVENTI VARI
20.	V	ENTRATE NON PERCEPITE
21.	Z	TRASFERIMENTI

Totale 21 records

La banca dati del sistema contiene l'elenco di tutti i servizi normalmente erogabili, così come definiti dall'Istat. L'utente potrà in ogni caso aggiungere altri servizi ove sia necessario.

L'ENCO DEGLI INTERVENTI

Per ogni tipologia di servizio la banca data contiene l'elenco degli interventi. La stampa qui sotto riportata ne illustra una parte.

Interventi

#	Nome	Controllo Situazione Economica
	[A] - ATTIVITA DI SERVIZIO SOCIALE PROFESSIONALE	
1.	[01] - Servizio sociale professionale (compresa tutela minori, Amm. sostegno..)	Si
2.	[02] - Intermediazione abitativa e/o assegnazione alloggi	Si
3.	[03] - Servizio per l'affido minori	Si
4.	[03.1] - Servizio di accoglienza presso famiglie	No
5.	[04] - Servizio per l'adozione di minori	No
6.	[05] - Servizio di mediazione familiare	No
7.	[06] - Attività di sostegno alla genitorialità	No
8.	[99] - Altro (specificare)	Si
	[B] - INTEGRAZIONE SOCIALE	
9.	[01] - Interventi per l'integrazione sociale dei soggetti deboli o a rischio	Si
10.	[02] - Attività ricreative sociali , culturali (inclusi soggiorni climatici o termali)	Si
11.	[03] - Servizi di mediazione culturale	Si
12.	[04] - Servizi di residenza anagrafica per persone senza fissa dimora	Si
13.	[99] - Altro (specificare)	Si
	[C] - INTERV. E SERV. EDUCATIVO-ASSIST. E PER L'INSERIMENTO LAVORATIVO	
14.	[01] - Sostegno socio educativo scolastico	Si
15.	[02] - Sostegno socio educativo territoriale	Si
16.	[03] - Sostegno all'inserimento lavorativo	Si
17.	[04] - Interventi per persone con disagio mentale	Si
18.	[06] - Interventi per persona senza fissa dimora	Si
19.	[07] - Interventi per tutte le altre capegorie di disagio adulti.	Si
20.	[99] - Altro (specificare)	No
	[D] - ASSISTENZA DOMICILIARE	
21.	[01] - Assistenza domiciliare socio assistenziale	Si
22.	[02] - Assistenza domiciliare integrata con servizi sanitari	Si
23.	[03] - Servizi di prossimità (buon vicinato)	Si

SETTORI PER AREA DI INTERVENTO

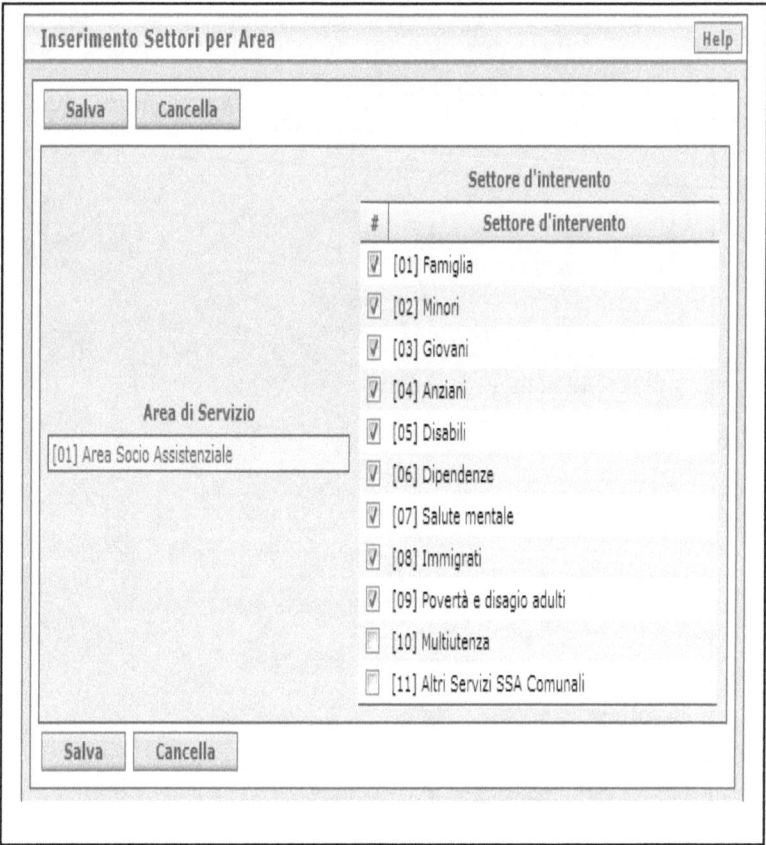

Per ogni area di servizio (area di intervento) devono essere collegati i settori d'intervento previsti. Ciò è ottenuto con un semplice click. La banca dati contiene tutti i collegamenti richiesti. L'utente può tuttavia facilmente modificare i dati se necessario.

Per ogni settore avremo l'elenco dei settori di intervento.

Settori per area di intervento

Area di Servizio	Settore d'intervento
[01] Area Socio Assistenziale	[01] Famiglia, [02] Minori, [03] Giovani, [04] Anziani, [05] Disabili, [06] Dipendenze, [07] Salute mentale, [08] Immigrati, [09] Povertà e disagio adulti
[02] Area Socio Sanitaria	[01] Famiglia, [02] Minori, [03] Giovani, [04] Anziani, [05] Disabili, [06] Dipendenze, [07] Salute mentale, [08] Immigrati, [09] Povertà e disagio adulti
[03] Area Altri Servizi Sociali	[10] Multiutenza, [11] Altri Servizi SSA Comunali

141

SERVIZI E INTERVENTI PER SETTORE

Per ogni settore, otteniamo l'elenco dei servizi, con l'elenco degli interventi previsti.

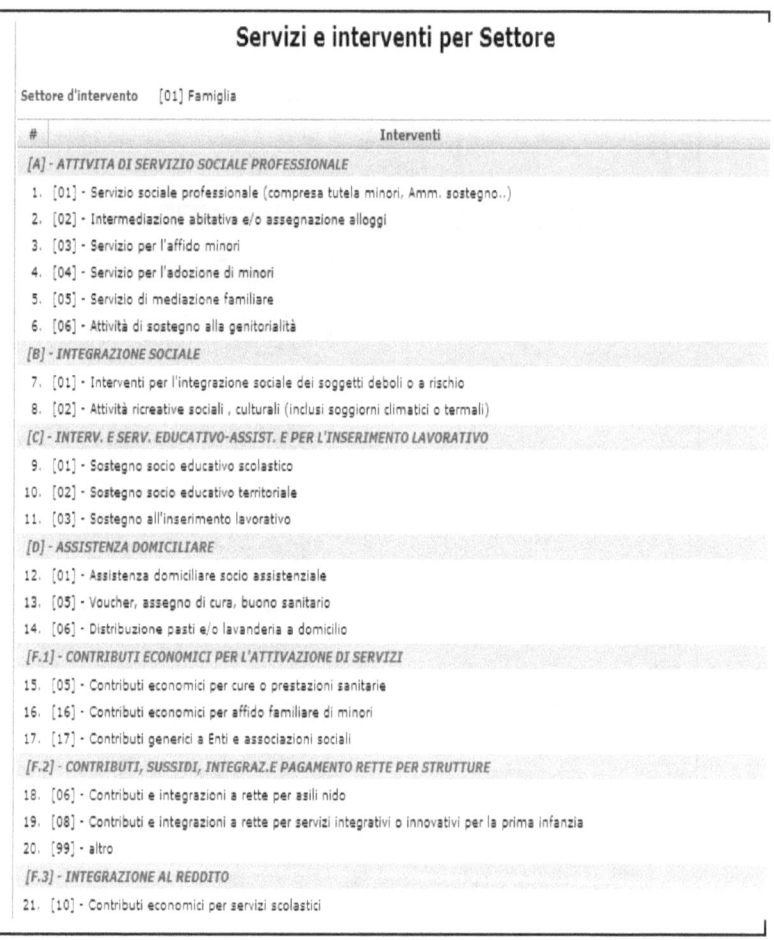

Il perfetto collegamento tra Area, Settore, Servizi e Interventi, consente una immediata identificazione, da parte dell'utente, dei servizi disponibili ed evita possibili assegnazione di interventi non autorizzati.

INDICE

www.ingramcontent.com/pod-product-compliance
Lightning Source LLC
Chambersburg PA
CBHW061315280526
45784CB00002B/990